公交司机心理干预与自助手册

葛静 ◎ 编著

西南交通大学出版社
·成都·

图书在版编目（CIP）数据

公交司机心理干预与自助手册 / 葛静编著. —成都：
西南交通大学出版社，2022.2
ISBN 978-7-5643-8305-3

Ⅰ. ①公… Ⅱ. ①葛… Ⅲ. ①公共汽车 – 汽车驾驶员
– 应用心理学 – 手册 Ⅳ. ①U471.3-62

中国版本图书馆 CIP 数据核字（2021）第 204949 号

Gongjiao Siji Xinli Ganyu yu Zizhu Shouce
公交司机心理干预与自助手册
葛　静　编著

策划编辑	胡　军
责任编辑	梁　红
封面设计	SW STUDIO
插图绘制	万小雨　郑丽娜

出版发行　西南交通大学出版社
　　　　　（四川省成都市金牛区二环路北一段 111 号
　　　　　西南交通大学创新大厦 21 楼）
发行部电话　028-87600564　　028-87600533
邮政编码　610031
网址　http://www.xnjdcbs.com
印刷　四川煤田地质制图印刷厂
成品尺寸　146 mm×208 mm
印张　4.5
字数　93 千
版次　2022 年 2 月第 1 版
印次　2022 年 2 月第 1 次
书号　ISBN 978-7-5643-8305-3
定价　28.00 元

图书如有印装质量问题　本社负责退换
版权所有　盗版必究　举报电话：028-87600562

前　言

发生在 2020 年 7 月 7 日的贵州安顺公交车坠湖事件，引起社会各界的强烈关注，也给交通运输行业敲响了警钟。近年来，发生了重庆万州公交车坠江事故、济南公交车司机脑出血事故、贵州安顺公交车坠湖事故等，这些大大小小的事故或多或少跟司机的身心健康有关。

根据世界卫生组织的一项研究表明：超过 50%的驾驶员因劳累、压力而产生心理问题，司机心理问题的发生率达 59.8%。司机心理健康成为事故发生的主要因素。司机心理健康应以预防为主，避免事后收尾。心理障碍需要早发现、早预防、早干预，提前采取预防措施是避免悲剧发生的最好方式。

该手册针对普通公交车司机当下的心理需求，以心理学理论为基础，探讨、分析公交车司机容易出现的心理压力问题，提供身心调适的有效方法。全书配以生动形象的图片，将公交车司机常见的心理问题与干预以及自助技巧相结合，力求简洁易懂、简单实用。

本书在编写过程中，得到了成都市公共交通集团有限公司、合肥市公交集团有限公司凌玲以及新乡医学院第二附属医院崔平的帮助，他们为本书的出版提供了很多具有针对性和实用性的建议，在此表示衷心的感谢。

由于时间、精力有限，本书不足之处在所难免，恳请读者和专家批评指正。

编　者
2021 年 8 月

谨以此书献给公交司机朋友和心理学爱好者，期望本书能够为你们提供些许帮助！

目录

第一部分　揭开心理学的神秘面纱 ·················· **001**
　　你了解自己吗？ ····························· **003**
　　你知道司机职业与心理健康的重要性吗？ ······ **017**

第二部分　心理健康策略 ··························· **034**
　　你会情绪管理吗？ ··························· **036**
　　你知道怎么应对压力吗？ ····················· **061**
　　面对挫折，你怎么调适呢？ ··················· **077**
　　职业倦怠，你怎么缓解呢？ ··················· **088**

第三部分　司机心理危机的自我评估与干预 ········ **097**
　　你知道怎么自我评估心理危机吗？ ············· **099**
　　你知道心理危机干预吗？ ······················ **111**

第四部分　公交车司机的问与答 ····················· **124**

第一部分

揭开心理学的神秘面纱

引言

提到心理学,大多数人都会认为其深奥而神秘。其实心理学并不是那么的神秘。简单来讲,人们的一切内心活动都属于心理学研究的范畴,例如人们对客观世界的认知,自我的情绪体验,对事件的态度等都源于心理活动。下面我们就一起来揭开心理学的面纱,在通过心理自测、了解自我的同时,体会心理学的普遍适用性。

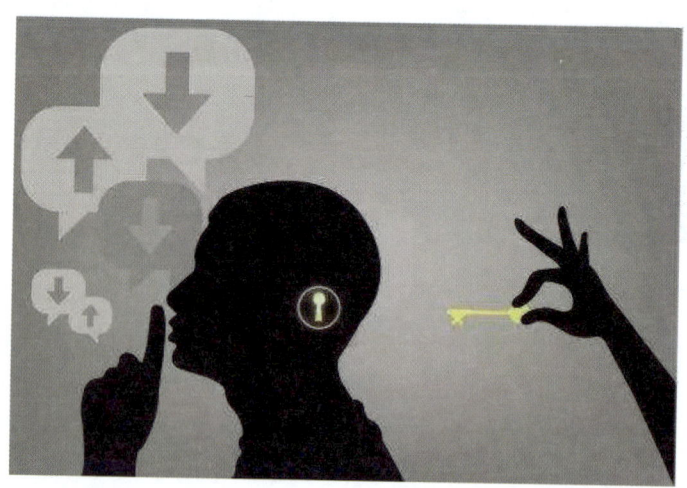

你了解自己吗?

俗话说:"人心不同,各有其面。"世界上每一个人都是独特的个体,都有个性。由于家庭背景、经历经验,以及受社会影响的程度等不同,即使是双胞胎,个体之间也会存在异他的、鲜明的、独有的个性心理特征。个性决定了人的行为方式和处事方法。

在心理学中,人们通常把人的个性心理特征分为气质、性格、能力三个方面来研究。了解自己的性格特征,有利于发现自己的优缺点,不断进行自我完善和提升。

一、气 质

(一) 气质的含义

气质是指个人心理活动的稳定的、典型的动力特征。心理活动的动力特征主要指心理过程的速度和稳定性,心理过程的强度和心理活动的指向性等方面的特点。气质是人的高级心理活动类型的心理表现。气质相当于我们日常生活中所说的"性情""脾气""禀性"。

人的气质是先天形成的,受神经系统活动过程的特性所

制约。孩子刚出生，最先表现出来的差异就是气质差异，如有的孩子爱哭好动，有的孩子平稳安静。气质无好坏之分，它只给人们的言行涂上某种色彩，但不能决定人的社会价值，也不直接具有社会道德评价含义。气质具有可塑性，在环境和教育的影响下，气质会发生缓慢的变化。

（二）气质的类型

希波克拉底是古希腊著名的医生，他最早提出气质的概念。他在长期的医学实践中观察到人有不同的气质。他认为气质是由人体内不同的液体所决定的。他设想人体内有血液、黏液、黄胆汁、黑胆汁四种液体，并根据这些液体混合比例哪一种占优势，把人分为不同的气质类型，提出"四体液学说"。他认为体内血液占优势属于多血质，黄胆汁占优势属于胆汁质，黏液占优势属于黏液质，黑胆汁占优势属于抑郁质。他把人的气质分为胆汁质、多血质、黏液质、抑郁质四种类型。

1. 胆汁质

从神经学上说，胆汁质气质类型的人其高级神经活动过程强、不平衡、不灵活，即具有强烈的兴奋过程和比较弱的抑制过程，而且在兴奋过程和抑制过程两者之间的转化不灵活。这类人的特点是精力旺盛，情感和言语动作的发生强烈且难以控制；在思维方面灵活但粗枝大叶；勇敢果断但易感情用事；为人热情直率、朴实真诚、表里如一，行动敏捷、生气勃勃、刚毅顽强，但争强好斗，鲁莽冒失。一般来说，胆汁质的人大多热情而且性急。在文学作品中，较为典型的具有胆汁质特点的人物代表有《水浒传》中的李逵、《三国演义》中的张飞。

胆汁质气质型的公交车司机在长距离的驾驶过程中很难保持较高的工作效率，而在中短途距离的驾驶过程中，效率比较高，能够根据道路情况见机行事，在紧急情况下，能够采取准确的操作。

2. 多血质

多血质气质类型的人其高级神经活动过程强、平衡且灵活，即神经过程平衡且灵活性高，在兴奋过程和抑制过程两者之间转化灵活。多血质又称"活动型"，属于敏捷好动的类型。这类人反应迅速，有朝气，活泼好动，行动敏捷，感情丰富、外露但不稳定，思维敏捷，活泼好动，热情大方，善于交往，适应性强，但缺乏耐心和毅力，稳定性差。《红楼梦》中的王熙凤、《三国演义》中的曹操就具有多血质的特点。

多血质气质型的公交车司机能够在道路复杂的情况下卓有成效地驾驶公共汽车，不易疲劳，可以顺利地完成驾驶任务。

3. 黏液质

黏液质气质型的人其高级神经活动过程强、平衡、不灵活，即神经过程平衡而灵活性不高，在兴奋过程和抑制过程两者之间的转化不灵活。这类人情感反应慢而持久，且不外露，表情平淡，动作迟缓，情绪平稳，思维灵活性略差，但考虑问题细致周到，

沉着稳重，踏实寡言，外柔内刚，自制力强，耐受力高，交往适度，交情深厚，好沉思。这种气质的人行为主动性较差，行动相对迟缓。《水浒传》中的林冲、《西游记》中的沙和尚等都属于黏液质气质类型。

一般来说，属于黏液质气质类型的公交车司机大多是性子慢，驾驶操作稳定自如，不易受外界干扰，能够严格遵守交通规则，但可能驾驶节奏慢，处理情况时不够果断。

4. 抑郁质

抑郁质气质类型的人其高级神经活动过程弱、不平衡且不灵活。这类人思维敏锐，多疑，感情比较脆弱，情绪体验深刻、细腻、持久，情感体验丰富但不外露，反应速度慢。多愁善感，不善于交际，性格孤僻，优柔寡断，踏实稳重，自制力强，但他们的行为举止相对较缓慢，软弱胆小。典型代表人物是林黛玉。

一般来说，属于抑郁质气质类型的公交车司机大多能够严格遵守交通规则，车速稳定，有主动礼让行为，但工作效率不高。

四种气质类型虽具有一定的代表性，但实际上人的气质表现往往复杂多样。一般来说，人往往不是仅具有一种气质类型特点，而是会同时具有多重基本类型特点，称为"混合型"或是"中间型"。

（三）司机气质特征与行车安全

公交车司机的气质是指司机个体在驾驶行为方面表现出

的稳定的、典型的心理特征。

在对交通事故进行分析时，司机的驾驶技术和对交通规则的遵守情况往往是我们关注的重点，而忽略了其心理因素对行车安全的影响。交通安全心理学研究表明，相对技术因素而言，司机的心理气质特征与安全驾驶之间有很高的相关性。不同气质的公交车司机对道路交通情况的观察、判断、处理方式是不同的，故处理的结果也不尽相同。也就是说，在处理交通情况时，气质与行车安全有着极大的关系。

1. 胆汁质司机与行车安全

胆汁质公交车司机的特点是驾驶操作动作干脆有力，处理情况果断，能采取准确动作，但不够沉着冷静，缺乏耐心，情绪易激动，喜欢冒险。心理耐挫折能力相对较差，容易产生急躁等激动情绪，易发生交通事故。例如，在超车时，前车因有障碍物车速缓慢，胆汁质司机急躁的情绪马上就表现出来，容易偏激地认为是前车故意不让，强制超车，容易导致事故。

建议属于该气质类型的公交车司机要注意克服急躁轻率的弱点，培养遇事谨慎、认真细致的性格，不要长时间连续驾驶。另外，值得一提的是，不宜当面对其进行批评或使用"激将法"。

2. 多血质司机与行车安全

多血质公交车司机的特点是驾驶操作动作敏捷，坚持礼

让，判断准确，但有时会粗心大意，易受情绪影响而出现车辆驾驶平顺性较不稳定的情况。其情绪常常会因为家庭生活中的琐事而变化，不利于安全驾驶。此外，多血质的司机易粗心，易忽略对设备的定期检查，容易给行车安全造成隐患。

建议多血质的公交车司机可以多练习书法、瑜伽，修身养性，锻炼坚定的意志。

3. 黏液质司机与行车安全

黏液质公交车司机的特点是性子慢，驾驶操作稳定自如，不急不躁，不易受外界干扰，能够严格遵守交通规则，故该气质型的驾驶员发生交通事故的概率相对较少。但黏液质司机因自信心不足，在遇到突发情况抉择时不果断，往往因优柔寡断而错失良机，造成事故。

建议该气质型的公交车司机在决断方面加强训练，克服优柔寡断的弱点，培养果断、自信的性格。

4. 抑郁质司机与行车安全

抑郁质公交车司机的特点大多是驾驶操作动作正规，能够严格遵守交通规则，车速稳定，行车中有主动礼让行为，但工作效率不高，对社会的适应性不强，社会支持系统较差，因而心理承受能力和自我调控能力也比较弱，容易受各种压力所拖累而造成交通事故。如遇到超车、会车、让车或其他不顺心的事情，易极端处理问题，造成极大影响。

建议抑郁症气质型的公交车司机经常做心理疏导和放松训练，多寻找释放压力的渠道，建立自己的心理支持系统。

二、性 格

（一）性格的含义

性格是指一个人在对人、对事以及行为模式中表现出来的相对稳定的个性心理特征。如轻浮好胜、坚毅果断、胆小谨慎等。人的性格会受其意识、信仰和世界观等制约和影响。

（二）性格的类型

性格类型是指在某一类人身上所共有的性格特征。通常，我们以个人心理倾向于外部世界还是主观世界为依据，将人的性格分为外向型和内向型（见表1.1）。

表1.1 心理倾向类型

性格类型	重视世界	表现特征	情绪特征	行为特征	倾向特征	气质类型
外向型	外在	性格活泼、开朗、热情、乐观，乐于交流，好动	性格急躁，很难控制自己的情绪和情感	有时有冒犯别人的行为	容易得到他人的信任	多血质和胆汁质
内向型	内在	在与外界和他人接触时，缺乏自信，表现出孤僻和害羞，常常沉浸在自我空间中，抵制外部世界的影响	一般可以控制自己的情绪，能审慎地接受一些建议和决定	很少表现出冒犯行为	易悲观，很重视伦理道德，情绪稳定	黏液质和抑郁质

绝对的外向型和内向型在生活中并不常见,大多数人都兼有外向和内向的特征。外向型和内向型各有所长,没有好坏之分,与智力无关,不能作为评价人的个人成就和社会价值的标准。

(三)司机性格与行车安全

我们发现,司机性格与行车安全有着密切的关系。理性、行为严谨、原则性强的公交车司机往往驾驶谨慎;而易情绪化、性情急躁、粗心大意的公交车司机发生事故的概率较高。

公交车司机要确保安全驾驶,必须充分认识自己性格中不利于行车安全的特征,努力进行自我调节。性格内向的公交车司机要加强与亲人、朋友、同事和领导的交流和沟通,敢于向亲人或知心朋友倾诉不愉快的事,及时向同事、领导反映所遇到的问题,而不是把所有的问题和情绪都压抑在心里。性格外向的司机要注意保持心理平衡状态,避免过激的心理活动,经常进行自我提醒:"我不能冲动!""开车安全第一!"等。

三、能 力

(一)能力的含义

能力是指一个人能够顺利有效地完成某种活动或某项目标所必须具备的个性心理特征。例如,从事公交驾驶工作不但要掌握一些驾驶常识、技术,还要学会一些基本外语、急救知识,形成亲和力等。

(二)公交车司机的能力要求

驾驶公交车对司机的精力和体力消耗较大,要求公交车司机应具备以下基本能力。

1. 敏锐的观察力和准确的判断力

由于城市道路路况复杂,敏锐的观察力是确保行车安全的重要能力。当出现紧急情况时,具备敏锐的观察力和准确的判断力的公交车司机可以果断、灵敏而准确地进行判断,及时采取措施。

2. 情绪自控能力

对行车安全影响最为明显的是公交车司机的情绪。只有公交车司机具有理智的自我控制能力,始终保持平和稳定的情绪,才能确保行车安全。

3. 较强的解决问题能力

当车辆出现故障时,具备应急处理能力的公交车司机能及时排除故障及不安全因素,恢复正常运行。

只有那些知道控制自己的缺点,不让这些缺点控制自己的人才是强者。

——巴尔扎克

一个精神生活很充实的人,一定是一个很有理想的人,一定是一个很高尚的人,一定是一个只做物质的主人而不做物质的奴隶的人。

——陶　铸

心理量表——你是哪种气质类型的人[①]

下面是有关气质类型的60道题,能帮助你大致确定自己的气质类型。答案没有对错之分,请根据你的真实想法作答。

在回答这些问题时,你认为:

a. 很符合自己情况　b. 比较符合　c. 介于符合与不符合之间　d. 比较不符合　e. 完全不符合

测评内容

1. 做事力求稳妥,不做无把握的事。
2. 遇到可气的事就怒不可遏,把心里话全说出来才痛快。
3. 宁可一个人干事,不愿很多人一起干。
4. 到一个新环境很快就能适应。
5. 厌恶那些强烈的刺激,如尖叫、噪音、危险的情境等。

[①] 本手册的气质量表采用的是《陈会昌气质量表》。本量表仅作为自评初步识别,如发现有问题,建议找心理咨询师或是心理医生进一步筛查和咨询。

6. 和人争吵时，总是先发制人，喜欢挑衅别人。

7. 喜欢安静的环境。

8. 善于和人交往。

9. 羡慕那种善于克制自己感情的人。

10. 生活有规律，很少违反作息制度。

11. 在多数情况下情绪是乐观的。

12. 碰到陌生人觉得很拘束。

13. 遇到令人气愤的事，能很好地自我克制。

14. 做事总是有旺盛的精力。

15. 遇到问题常常举棋不定、优柔寡断。

16. 在人群中不觉得过分拘束。

17. 情绪高昂时，觉得干什么都有趣，情绪低落时，又觉得什么都没有意思。

18. 当注意力集中于某一事物时，别的事很难使我分心。

19. 理解问题总比别人快。

20. 碰到危险情境，常有一种极度恐怖感。

21. 对学习、工作、事业怀有很高的热情。

22. 能够长时间做枯燥、单调的工作。

23. 符合兴趣的事情，干起来劲头十足，否则就不想干。

24. 一点小事就能引起情绪波动。

25. 讨厌那种需要耐心、细致的工作。

26. 与人交往不卑不亢。

27. 喜欢参加热烈的活动。

28. 爱看描写感情细腻、描写人物内心活动的文学作品。

29. 工作、学习时间长了，常感到厌倦。

30. 不喜欢长时间讨论一个问题，愿意实际动手干。

31. 宁愿侃侃而谈，不愿窃窃私语。

32. 别人说我，我总是闷闷不乐。

33. 理解问题常比别人慢。

34. 疲倦时只要短暂地休息就能精神抖擞，重新投入工作。

35. 心里有话不愿说出来。

36. 认准一个目标就希望尽快实现，不达目的誓不罢休。

37. 与他人学习、工作同样长的时间后，常比别人更厌倦。

38. 做事有些莽撞，常常不考虑后果。

39. 老师或他人讲授新知识、技术时，总希望他讲慢些，多重复几遍。

40. 能够很快地忘记那些不愉快的事情。

41. 做作业或完成一件事情，总比别人花的时间多。

42. 喜欢运动量大的剧烈体育运动，或参加各种文艺活动。

43. 不能很快地把注意力从一件事转移到另一件事上去。

44. 接受一个任务后，就希望把它迅速解决。

45. 认为墨守成规比冒风险要强一些。

46. 能够同时注意几件事。

47. 当我烦闷的时候，别人很难使我高兴。

48. 爱看情节起伏跌宕、激动人心的小说。

49. 对工作持认真严谨、始终一贯的态度。

50. 和周围人的关系总是相处不好。

51. 喜欢学习学过的知识，重复做自己已掌握的工作。

52. 希望做变化大、花样多的工作。

53. 小时候会背的诗歌，我似乎比别人记得清楚。

54. 别人说我"出语伤人",可我并不觉得这样。

55. 在体育活动中,常因反应慢而落后。

56. 反应敏捷、头脑机智。

57. 喜欢有条理而不甚麻烦的工作。

58. 兴奋的事常使我失眠。

59. 老师讲新概念,常常听不懂,但是弄懂了以后就很难忘记。

60. 假如工作枯燥乏味,马上就会情绪低落。

测评方法

a. 记 2 分;b. 记 1 分;c. 记 0 分;d. 记 -1 分;e. 记 -2 分

胆汁质	题号	2	6	9	14	17	21	27	31	36	38	42	48	50	54	58	合计
	得分																
多血质	题号	4	8	11	16	19	23	25	29	34	40	44	46	52	56	60	合计
	得分																
黏液质	题号	1	7	10	13	18	22	26	30	33	39	43	45	49	55	57	合计
	得分																
抑郁质	题号	3	5	12	15	20	24	28	32	35	37	41	47	51	53	59	合计
	得分																
结果	你的气质是																

测评分析

如果某种气质类型的得分数均高于其他三种气质得分数 4 分,则可认定被测者属于该气质类型。此外,该气质类型的得分数超过 20 分,则为典型型;如果得分为 10~20 分,为一般型。若两者气质的得分数差异小于 3 分,同时明显高于其他两种 4 分以上,可判定被测者为两种气质类型的混合型。

如果三种类型的得分高于第四种而且很接近,则被测者为三种气质型的混合型。

你知道司机职业与心理健康的重要性吗？

心理学是一门具有社会科学和自然科学性质的边缘学科，主要是研究人的行为和心理活动规律的科学。它既是一门理论学科，也是一门应用学科。心理学主要包括理论心理学与应用心理学两大领域。公交车司机心理研究内容包括公交车司机心理和行为以及乘客与公交车司机心理变化等。

一、心理健康与心理亚健康

公交车司机是城市公共交通运营环节中的特殊工种，是运营安全的"守门员"。为了满足乘客出行需求，必须安全、高效地完成车辆驾驶任务，具有责任重、风险大等职业特点。

（一）心理健康

健康除了指身体没有疾病外，还指心理和社会适应能力等方面有良好的状态。

心理健康，简单地说，就是一个人生理、心理与社会处于协调、平衡的状态。公交车驾驶员只有心理健康才能积极地、快乐地工作。

 世界卫生组织对健康的定义：健康不仅是没有疾病，而且包括躯体健康、心理健康、社会适应良好和道德健康。

参考美国心理学家马斯洛和米特尔曼提出的 10 条心理健康标准，结合公交车司机的工作特点，公交车司机心理健康的标准可以概括如下。

1. 能够对自己进行正确评价，了解和悦纳自己

心理健康的公交车司机能正确看待和认识现实中的自己，既能充分认识自己的缺点，又能肯定自己的优点，体会到自己存在的价值，对自己的性格特点、能力水平能做出客观、恰当的评价。

2. 人格的各方面平衡发展，完美和谐

心理健康的公交车司机其性格、气质、能力等方面都能得到平衡发展，思考问题的方式合理，应对外界刺激时很少产生偏激行为。对新思想、新经验、新行为等乐于接受，他们言行一致、表里如一，能够理解、尊重别人，值得信赖。

3. 适应能力强，能够正视、接受现实

较强的适应能力是衡量心理健康的重要指标，心理健康的公交车司机能够面对现实、接受现实，并积极主动地适应现实、改造现实，而不是逃避现实。他们对周围事物和环境能够

做出客观的评价，对生活、工作、家庭等各方面的问题能够妥善处理，思想和行为上与时代发展同频，与社会要求相符合。

4. 人际关系和谐

一个人心理健康水平、社会适应能力的综合体现是人际关系和谐。心理健康的公交车司机具有积极、阳光的心态，能够宽以待人、乐于助人。

5. 行为与其年龄、性别相一致，行为合理

心理健康的公交车司机的行为应该与社会角色相符合，受意识控制。对于不同年龄、性别的人而言，其行为应与年龄、性别相符，以适应社会和群体。

以上标准只是一个相对的标准，要科学、正确地判断自己的心理是否健康，还需要考虑年龄、情境、文化背景等。

（二）心理亚健康

心理亚健康是指介于健康与疾病之间的状态，即"次健康""灰色状态""中间状态""第三状态"。其实心理亚健康状态普遍存在，导致人们人际关系不和谐、社会适应能力下降、工作效率降低，造成认知偏差，严重影响我们的生命价值和生活质量，也会对个人、家庭和他人造成伤害。

世界卫生组织将机体没有器质性疾病，但是有一些功能性改变的状态称为"第三状态"，在我国，称其为"心理亚健康"。

二、心理健康的影响因素

影响心理健康主要因素是个体的适应问题,表现为以下几个方面。

1. 人际适应问题

通常来说,公交车司机的人际适应问题主要包括工作关系适应问题、家庭关系适应问题、友情关系适应问题和熟人关系适应问题等。

工作关系适应问题,包括同事关系、上下级关系和师生关系等适应问题,有些公交车司机只要一想到上班就会出现心情烦躁、焦虑等负面情绪,在驾驶车辆中也常常出现小差错,这就是工作关系出现了适应问题。

家庭关系适应问题,包括夫妻关系、亲子关系、亲情关系等适应问题,如果这些关系处理欠佳,个体就会产生负面情绪,大量的负面情绪会导致个体的生活质量下降。

友情是人的重要社会资源之一,如果友情关系出现适应问题,我们就会感觉痛苦烦恼、情绪不安等,时间一长,就有可能产生心理问题。

熟人关系适应问题,包括同学、室友、邻里关系等适应问题。熟人关系是一种发生频率最高的关系,这种关系既不能如上下级关系一样保持一定的距离,也不能像亲友关系一样亲密无间,因此常常在不经意中,因为误解而产生摩擦,加之缺乏沟通技巧和倾诉渠道,从而常常影响人们的心情。

2. 环境适应问题

公交车司机长期受到噪声、振动的影响，再加上道路环境复杂，工作时长时间保持强制性坐位，注意力高度集中等，因此容易出现心理疲劳、焦躁、焦虑、抑郁等心理问题。同时，人的一生会经历各种环境变化，例如结婚、生子、搬迁、工作调整等，适应的人，很快就能在新的环境中有新的发展，而不善于适应新环境的人，则有可能在新环境中自怨自艾，并产生大量的负面情绪，从而无法自拔。

3. 自我适应问题

自我适应问题，一般包括对自己社会角色的适应、对自我增长的需求的适应等。人生的每个阶段都是自我适应的关键期，我们的很多困扰、痛苦的根源都是由于自我适应问题未得到良好的解决。如果我们懂得适应，就能与外部环境和平共处。人生漫长，需要面对各种压力，只有正确对待和妥善应对，才能保持心理健康。

三、心理健康的重要性

（一）心理健康对行车安全的影响

人、车、路是构成道路交通安全的三要素，而"人"是保证道路交通安全的核心。公交车司机作为第一责任人，其个体的心理健康情况对行车安全有着直接的影响。在行车中，环境因素、人为因素使驾驶员动机、态度、情绪等不断发生

变化，影响行车安全。保持良好的心理状态是保证行车安全的重要环节。

常见的不良驾驶心理有以下几种。

1. 好胜心理

行车中争强好胜、爱与他人比高低，这在年轻驾驶员中较常见。在这种心理的支配下，常常会出现强行超车，开"英雄车"等冒险行为，一旦遇到紧急突发情况，来不及应对，易引发交通事故。

2. 急躁心理

遇到交通拥堵或不顺心时，不能很好地控制情绪，常常强行抢超、加塞。经验和教训告诉我们："十次肇事九次快，情绪急躁事故来。"

3. 报复心理

人在日常工作、生活中，难免遇到一些不愉快、不顺心的事情，如超车时前方车辆不让行；慢车占用快车道或是夜间行车对方不关闭远光灯等，一旦遇上这种情况，就立即气从心来，火冒三丈，产生报复心理。在这种心理的支配下，精力只集中在报复他人身上，而无视其他情况，无视车上乘客的安全和自身的责任，往往害人害己。

4. 侥幸心理

遇到复杂路况、危险路段、不良气候条件等，本应谨慎驾驶，耐心等待，却自认为自己经验丰富、技术娴熟，抱着侥幸心理，开"运气车"，结果往往事与愿违。

5. 麻痹心理

司机在熟悉的路段、区域或道路交通条件较好的路段行车时，往往容易放松警惕，粗心大意，心不在焉，满以为很有把握，殊不知，正是由于这种心理的支配，往往造成无数不可挽回的悲剧。

不良的驾驶心理会对行车造成极大的安全隐患。在行车中要做到：得宠而不骄，被激而不动，存郁而不忧，遇气而不乱，受辱而不怒，有悲而不伤。始终保持良好的心态，确保行车安全。

（二）心理健康教育已成为公交车司机的必修课

心理健康状况是影响行车安全的内在重要因素。稳定的心理素养是公交车司机实现车辆安全行驶不可缺少的必要条件。公交运营单位相关部门应定期对公交车司机进行心理风险筛查，并通过疏导、关怀等方式帮助有需要的员工排解不良情绪，释放压力，并提供心理咨询渠道。部门领导应对公交车驾驶员多鼓励，适当安排工作，及时解决公交车司机的实际困难。同时，鼓励他们加强自我修养，针对自身存在的问题，认真学习和应用健康驾驶心理知识，做到不断自我完善和提高。

四、心理咨询与心理治疗的区别

当我们出现心理异常时，不能讳疾忌医。应该及时寻求帮助和治疗。那么该向谁求助呢？心理医生还是心理咨询师？下面我们先了解心理咨询和心理治疗的区别。

心理咨询是由专业的心理咨询师运用心理学以及相关知识，针对存在心理困扰的正常人，通过各种咨询技术和心理学方法，帮助来访者解决学习、工作、生活等方面的心理问题，给予心理支持，使之更好地适应环境，保持心理平衡。心理咨询师主要面对心理健康人群，或是心理亚健康人群。

心理治疗是由专业的心理治疗师运用心理治疗相关理论和技术，面对心理疾病患者进行认知、情感、行为方面的心理矫正治疗，从而消除或缓解问题和障碍，促使来访者重建人格，向健康、协调的方向发展。心理治疗师目前大多是在医院工作的心理学或是精神病学相关专业的医务人员。心理治疗师主要面对的是有比较严重的心理障碍、心理疾病或是患有精神疾病的人。

如果你的问题只是日常心理困扰，你可以选择正规的心理咨询机构来获取帮助，若你患有心理疾病，或是重型精神疾病，如精神分裂症、双相情感障碍、癔症等，你可以直接到医院的心理科寻求心理医生帮助或是去精神科就诊。

心灵鸡汤

一个人只要他有纯洁的心灵，无愁无恨，他的青春时期定可因此而延长。

——司汤达

如果你过分珍爱自己的羽毛,不使它受一点损伤,那么,你将失去两只翅膀,永远不能够凌空翱翔。

——雪 莱

你的心理健康吗?[1]

请仔细阅读每一条,然后根据最近一星期内下列问题影响你的实际情况,在 5 个选项内选择最合适的一项,在答题纸相应一格填上其得分。

题 项	从无(1)	轻度(2)	中度(3)	偏重(4)	严重(5)
1. 头痛	□	□	□	□	□
2. 神经过敏,心中不踏实	□	□	□	□	□
3. 头脑中有不必要的想法或字句盘旋	□	□	□	□	□
4. 头昏或昏倒	□	□	□	□	□
5. 对异性的兴趣减退	□	□	□	□	□

---

[1] 德若伽提斯(L. R. Derogatis)于 1975 年编制的《症状自评量表》。本量表仅作为自评初步识别,如发现有问题,建议找心理咨询师或是心理医生进一步筛查和咨询。

续表

题 项	从无(1)	轻度(2)	中度(3)	偏重(4)	严重(5)
6. 对人对事苛刻	□	□	□	□	□
7. 感觉别人能控制你的思想	□	□	□	□	□
8. 责怪别人制造麻烦	□	□	□	□	□
9. 忘性大	□	□	□	□	□
10. 担心自己的衣饰和仪态	□	□	□	□	□
11. 容易烦恼和激动	□	□	□	□	□
12. 胸痛	□	□	□	□	□
13. 害怕空旷的场所或街道	□	□	□	□	□
14. 感觉自己的精力下降,活动减慢	□	□	□	□	□
15. 想结束自己的生命	□	□	□	□	□
16. 听到旁人听不到的声音	□	□	□	□	□
17. 发抖	□	□	□	□	□
18. 感觉大多数人都不可信任	□	□	□	□	□
19. 胃口不好	□	□	□	□	□
20. 容易哭泣	□	□	□	□	□
21. 同异性相处时感到害羞、不自在	□	□	□	□	□
22. 感觉受骗,中了圈套或有人想抓自己	□	□	□	□	□

续表

题 项	从无(1)	轻度(2)	中度(3)	偏重(4)	严重(5)
23. 无缘无故地突然感到害怕	□	□	□	□	□
24. 自己不能控制地大发脾气	□	□	□	□	□
25. 怕单独出门	□	□	□	□	□
26. 经常责怪自己	□	□	□	□	□
27. 腰痛	□	□	□	□	□
28. 感觉难以完成任务	□	□	□	□	□
29. 感到孤独	□	□	□	□	□
30. 感到苦闷	□	□	□	□	□
31. 过分担忧	□	□	□	□	□
32. 对事物不感兴趣	□	□	□	□	□
33. 感到害怕	□	□	□	□	□
34. 觉得感情容易受到伤害	□	□	□	□	□
35. 旁人能知道自己内心的想法	□	□	□	□	□
36. 感觉别人不理解自己、不同情自己	□	□	□	□	□
37. 觉得人们对自己不友好，不喜欢自己	□	□	□	□	□
38. 做事必须做得很慢以保证做得正确	□	□	□	□	□
39. 心跳得很厉害	□	□	□	□	□

续表

题 项	从无(1)	轻度(2)	中度(3)	偏重(4)	严重(5)
40. 恶心或胃部不舒服	□	□	□	□	□
41. 感觉比不上他人	□	□	□	□	□
42. 肌肉酸痛	□	□	□	□	□
43. 感到有人在监视、谈论自己	□	□	□	□	□
44. 难以入睡	□	□	□	□	□
45. 做事必须反复检查	□	□	□	□	□
46. 难以做出决定	□	□	□	□	□
47. 怕乘电车、公共汽车、地铁或火车	□	□	□	□	□
48. 呼吸有困难	□	□	□	□	□
49. 一阵阵发冷或发热	□	□	□	□	□
50. 因为感到害怕而避开某些东西、场合或活动	□	□	□	□	□
51. 脑子变空了	□	□	□	□	□
52. 身体发麻或刺痛	□	□	□	□	□
53. 喉咙有梗塞感	□	□	□	□	□
54. 认为前途没有希望	□	□	□	□	□
55. 不能集中注意力	□	□	□	□	□
56. 感觉身体的某一部分软弱无力	□	□	□	□	□

续表

题 项	从无(1)	轻度(2)	中度(3)	偏重(4)	严重(5)
57. 感觉紧张或容易紧张	□	□	□	□	□
58. 感觉手或脚发沉	□	□	□	□	□
59. 想到有关死亡的事	□	□	□	□	□
60. 吃得太多	□	□	□	□	□
61. 当别人看着自己或谈论自己时感到不自在	□	□	□	□	□
62. 有一些不属于自己的想法	□	□	□	□	□
63. 有想打人或伤害他人的冲动	□	□	□	□	□
64. 醒得太早	□	□	□	□	□
65. 必须反复洗手、点数目或触摸某些东西	□	□	□	□	□
66. 睡得不稳、不深	□	□	□	□	□
67. 有想摔坏或破坏东西的冲动	□	□	□	□	□
68. 有一些别人没有的想法或念头	□	□	□	□	□
69. 感觉神经过敏	□	□	□	□	□
70. 在商店或电影院等人多的地方感到不自在	□	□	□	□	□
71. 感觉任何事情都很难做	□	□	□	□	□
72. 一阵阵恐惧或惊恐	□	□	□	□	□
73. 感觉在公共场合吃东西很不舒服	□	□	□	□	□

续表

题 项	从无(1)	轻度(2)	中度(3)	偏重(4)	严重(5)
74. 经常与人争论	□	□	□	□	□
75. 单独一人时神经很紧张	□	□	□	□	□
76. 认为别人对自己的成绩没有做出恰当的评价	□	□	□	□	□
77. 即使和别人在一起也感到孤单	□	□	□	□	□
78. 感觉坐立不安、心神不宁	□	□	□	□	□
79. 感觉自己没有什么价值	□	□	□	□	□
80. 感觉熟悉的东西变得陌生或不像是真的	□	□	□	□	□
81. 大叫或摔东西	□	□	□	□	□
82. 害怕会在公共场合昏倒	□	□	□	□	□
83. 感觉别人想占自己的便宜	□	□	□	□	□
84. 为一些有关"性"的想法而苦恼	□	□	□	□	□
85. 认为应该因为自己的过错而受到惩罚	□	□	□	□	□
86. 认为要赶快把事情做完	□	□	□	□	□
87. 感觉自己的身体有严重问题	□	□	□	□	□
88. 从未感觉和其他人很亲近	□	□	□	□	□
89. 感觉自己有罪	□	□	□	□	□
90. 感觉自己的脑子有毛病	□	□	□	□	□

测评方法

症状自评量表（SCL-90）的统计指标主要为两项，即总分和因子分。请将每题分值对应题号填写到下面统计表中并将单项分相加算出单项总分。

躯体化		强迫症状		人际关系敏感		抑郁		焦虑		敌对	
项目	评分	项目	评分	项目	评分	项目	评分	项目	评分	项目	评分
1		3		6		5		2		11	
4		9		21		14		17		24	
12		10		34		15		23		63	
27		28		36		20		33		67	
40		38		37		22		39		74	
42		45		41		26		57		81	
48		46		61		29		72			
49		51		69		30		78			
52		55		73		31		80			
53		65				32		86		合计	
56						54					
58		合计		合计		71		合计			
合计						79					
						合计					

恐怖		偏执		精神病性		睡眠、饮食		结果处理		
项目	评分	项目	评分	项目	评分	项目	评分	因素项	粗分/项目数	T分
13		8		7		19		F1	/12	
25		18		16		44		F2	/10	
47		43		35		59		F3	/9	
50		68		62		60		F4	/13	
70		76		77		64		F5	/10	
75		83		84		66		F6	/6	
82				85		89		F7	/7	
				87				F8	/6	
合计		合计		88		合计		F9	/10	
				90				F10	/7	
				合计						

测评分析

（1）总分：90个项目单项分相加之和能在一定程度上反映心理健康程度。

（2）总均分：总分/90，表示从总体情况看，自我感觉位于1~5级的哪一个分值程度。

（3）阳性项目数：单项分≥2的项目数，建议您找心理咨询师或是心理医生进一步筛查和咨询。

第二部分

心理健康策略

引言

由于公交客运服务工作具有特殊性，公交车司机难免遭受一些委屈、挫折，再加上工作压力大和职业倦怠，很多司机都或多或少地存在焦虑和抑郁情绪，这值得公交企业和所有从业者高度重视。

你会情绪管理吗?

情绪是人对客观世界主观体验的反应,是人对客观事物是否符合自己需要的一种心理活动。每个人在不同的时间可能有不同的情绪,或高涨或低落,或愉快或悲伤,或振奋或惆怅。人的情绪往往和心理需要紧密相连,当需要得到了满足就会产生良好的情绪体验;相反,情绪就会差。

一、情绪对行车安全的影响

快乐、愤怒、悲哀、恐惧是人的最基本的情绪。一个人的情绪对人的认知、意志、行为等有重要影响。

心理学家认为,人的心理因素对交通事故的影响主要表现在情绪上。近年来,通过对道路交通事故分析发现:大多数交通事故发生前6小时,司机的情绪都发生了剧烈的波动,情绪上出现过积极亢奋,抑或是消极低落。无论是积极的情绪还是消极的情绪,都会对行车安全造成不可预计的影响,只有情绪稳定、心态平和,才能保证驾驶安全。

公交司机的情绪好坏直接影响着行车安全。公交司机在驾驶车辆的过程中,心情愉悦、舒畅时,对事物的观察和判断具有积极的促进作用,常常表现出感受力强,勤于观察,反应迅速,判断准确,动作敏捷,有利于车辆行驶安全。反之,如产生愤怒、忧郁、恐惧、烦闷等情绪时,则感受力下降,精力分散,注意力无法集中,安全意识淡化,易开"英雄车""情绪车",一旦遇到紧急情况和突发事件,容易反应迟钝、判断失误。司机在行车过程中应有稳定的情绪,应该每隔一段时间就检视自己的心理状况,如出现不良情绪,要及时进行自我心理调整,缓解消极情绪,不让情绪控制自己手中的方向盘,不为外界事物干扰而分散精力和注意力,确保行车安全。

二、情绪对身心的影响

心理和身体是相互联系、相互影响、相互制约、相互转化的,长期的负面情绪会导致心身疾病的产生。乐观、积极的情绪有利于健康,而抑郁的情绪会导致心理疾病或生理病症,例如悲愤、紧张、焦虑会使得交感神经兴奋、应激性激素分泌、免疫系统功能下降,从而产生病症。

美国得克萨斯州立大学的史密斯教授曾经做了一个著名的情绪实验,针对受测人的情绪变化及个人身心状态进行实验。他在实验报告中指出:一般人在负面情绪状态下,脑下腺的激素——肾上腺皮质激素会分泌出来刺激肾上腺,受测人极易产生口干、心跳加速、胃部胀痛等生理现象,如果这

种情形长期持续，就会引起高血压、心脏病、胃溃疡等后遗症。

美国作家卡森曾患有一种致残的脊椎病，医生预言，他存活的可能性极小。卡森就经常阅读幽默小说，看搞笑电影。每大笑一次，他就觉得疼痛减轻了很多，浑身舒服，他坚持这种"笑疗"，病情逐渐好转，几年后竟然恢复了健康。

三、司机健康情绪的培养

（一）司机的情绪分析

在工作中，乘客的情绪会影响司机的状态，同样，司机的情绪也会影响行车安全。

司机轻松愉悦，不仅自己处于良好的工作状态，而且还会感染乘客。

司机常见的情绪困扰有抑郁、焦虑、愤怒、恐惧等。

1. 抑郁情绪

抑郁情绪的主要特征是情绪低落、悲痛厌世等。公交车司机的抑郁情绪产生的原因多是工作责任重，职业风险大，家庭发生事故，人际交往出现问题，升职压力大，受到批评、指责或处分，恋爱不顺等重大的生活事件。一些司机会因此精神压抑，夜晚入睡困难，白天工作较难集中精力，影响行车安全。

2. 焦虑情绪

焦虑是一种内心不安、无根据的恐慌或预期不良处境而产生自主神经系统失调等反应的紧张情绪，是对驾驶过程中不确定因素的防御性身心反应。

作为与乘客直接接触、提供服务、必须确保行车安全的公交车司机来说，其心理压力较大，极易出现焦虑情绪。焦虑情绪多由工作、家庭生活、人际交往等方面的原因引起，通常公交车司机本人会有持续性的精神紧张状态，容易出现口干、胸闷、心悸、便秘、常出冷汗、双手震颤等表现。一般性焦虑是情境性、暂时性地，常会随着情境结束而消失。但是，如果公交车司机不能及时调节心理状态，就会出现心理障碍，不自觉地紧张不安、忧心忡忡。

3. 冷漠情绪

冷漠是一种表现出对外界的人或事冷淡漠然、不在乎的消极态度，有时也会表现出敌对情绪。

由于乘客的心境、素养等都存在复杂性、差异性，公交车司机不仅要安全驾驶，还要做好细致的乘客服务工作。公交车司机在车辆运行中易成为各种矛盾的焦点，有的公交车司机遭到乘客辱骂、刁难甚至人身攻击。他们长期处于一种压抑、委屈的心理状态，若这种消极心理得不到及时的疏导和调适，情感得不到满足，就有可能变得冷漠，对外界的任何刺激都表现得无动于衷。其表面的冷漠其实是为了掩盖他们内心深处的痛苦、无助和强烈的压抑感。

4. 愤怒情绪

乘客的极端语言或行为、上级不合理的管理或毫不留颜面的批评等，都会让司机产生愤怒情绪，甚至让其失去理智出现攻击行为。

> 夏季高温，随着温度的升高，人容易急躁。公交车司机在炎热的夏天要时时提醒自己：情绪别跟着温度走！

现代医学研究认为，人的情绪与气候有着密切的关系。当气温超过35℃、日照超过12小时，气候变化会导致人的情绪、认知和行为紊乱。加上夏季人体出汗较多，睡眠和食欲下降，体内电解质代谢产生障碍，因而影响大脑神经活动，人的情绪和行为更易出现异常。人容易情绪失控，人与人之间更容易发生摩擦或争执。

路怒症，顾名思义是指在驾驶车辆的过程中因糟糕的交通状况产生压力与挫折，导致爆粗口、愤怒情绪，是一种常见的汽车驾驶综合征。司机表现出来的"愤怒"情绪源于驾驶中面临的各种压力，比如交通拥堵、恶劣天气、车辆故障等。常见的症状有：见不得别人超车或是乱并道，遇到就要破口大骂；遇到新手挡道，便狂按汽车喇叭；遇到行人不遵守交通规则就想动粗等。如果这种情绪长时间被忽视，就会对公交车司机的身心健康和安全驾驶带来不良后果。当心情烦闷时，我们可以尝试在驾驶途中听听舒缓、轻快的音乐，排解烦躁的情绪。

5. 恐惧情绪

恐惧,通俗地说就是"害怕",公交车司机通常会在行车出现异常、危急情况下产生恐惧情绪。

(二)司机健康情绪的培养

1. 公交车司机的情绪要求

欢乐的情绪是可喜的现象引起的,悲哀的情绪是不快乐的事件或是不幸的事件引发的,愤怒是挫折引起的。公交车驾驶员的情绪管理及心理健康是车辆运行中乘客安全的重要保障。公交车驾驶员是自身和乘客双重不良情绪的承受者,外界的各种负面情绪和各种生活压力都会对他们的心理产生较大的影响。因此,公交车司机应合理调整自己的情绪,保证在每次出车前都有一个好心情。

2. 公交车司机健康情绪的培养

自我情绪调节的方法多种多样,只要掌握相关的方法,就可以克服不良情绪,愉悦起来。

1)正视自己的不良情绪。

情绪是非常正常的心理体验,每个人只要遇到一定的情境刺激,就会产生相应的情绪。我们应当接纳自己的情绪,承认不良情绪的存在,积极地面对自己,找出不良情绪产生的原因,调整并克服,心态就会变得平和。

2)修正对事件的看法。

情绪 ABC 理论是由美国心理学家埃利斯提出的,他认为导致不良情绪的原因不是事件本身,而是个体对事件的看法,改变看法就可以调整情绪。

公交车司机在行车过程中不可避免会遇到不愉快的事情,不管遇上什么样的乘客、怎样的突发情况、怎样的麻烦,抱怨都不是解决问题的办法,只会影响心情,对事情的解决毫无作用。公交车司机在驾驶行为开始前、结束后,应经常性地审视自己的情绪,学会控制自己的情绪。

3)情绪转移法。

情绪转移法,顾名思义就是暂时避开不良刺激事件,将自己的注意力转移到另一项自己感兴趣的活动中,从而减轻不良情绪对自身的冲击、影响。

情绪转移的关键是及时主动,立刻行动起来,不要让自己长期沉溺在负面情绪中,可以根据自己的兴趣、爱好,参与读书会、练习太极拳、写一写毛笔字等,这样有利于情绪

的稳定。如果在驾驶过程中，当我们意识到自己情绪受到影响时，要学会及时从兴奋或愤怒的情绪中转移出来，可以通过听音乐转移注意力的方式来控制自己的情绪。

人生是一串由无数小烦恼组成的念珠，达观的人是笑着数完这串念珠的。

——法国作家大仲马

4）学习情绪放松法。

掌握情绪放松法可以使紧张、抑郁、焦虑等不良情绪有所缓解，下面就介绍一种简单、易操作的情绪放松的方法——肌肉放松法。

首先，找一个放松的姿势，靠在沙发上或是靠背椅上，尽量减少无关影响和刺激；然后，按照手部→手臂→头部→肩膀→躯干部→腿部的顺序，按如下四个步骤进行肌肉放松：集中精力→肌肉紧张→保持紧张→肌肉慢慢放松。

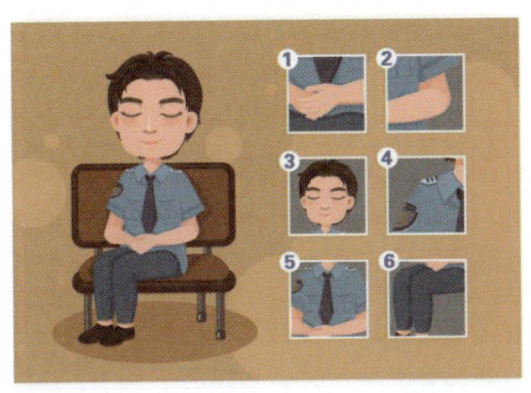

5）积极寻求帮助。

当我们遇到不顺心、不如意的事时，可以主动地找家人、朋友、同事谈心，也可以寻求专业的心理工作者帮助，这样既可以缓解不良情绪，又可以获得新思路和新视角，走出习惯的思维模式，走出心理困扰，找到新出路。

6）养成快乐的思维方式。

快乐一方面取决于客观事件本身，另一方面取决于对事件的自我认知和惯性思维方式。如果我们养成乐观的思维方式，万事万物都能带来快乐。

四、乘客的情绪分析

（一）乘客情绪的影响因素

在客运服务过程中，乘客的情绪受到多种因素的影响，掌握这些影响因素是调控乘客情绪的关键。

客运服务正常时，乘客的情绪很稳定，主要表现为平静和兴奋。平静的情绪常常出现在那些经常乘坐公交车出行的乘客身上，如上班族；兴奋的情绪常常出现在偶尔乘坐公交车的乘客或是上学、放学结伴而行的小孩子身上。引发乘客不良情绪的主要因素有环境因素、服务因素、乘客自身因素。

1. 环境因素

环境对人的情绪影响不可忽视，如车厢内拥挤的人群、水泄不通的路况等都会使人感到焦虑、紧张、烦躁。

2. 服务因素

在公共交通运输业同质化竞争日益激烈的今天，服务既决定着公共交通企业的生存和发展，又是影响乘客情绪最重要的因素。例如，公交班车延误问题。乘坐公共交通工具出行的乘客往往赶时间，但由于道路情况复杂及一些不可控的因素，乘公交车可能比步行还慢，在等待的过程中乘客会存在各种各样的心理状态，产生激动、焦虑、怀疑、愤怒等不同的情绪反应。

3. 乘客自身因素

乘客的情绪受一定的认知过程、归因方式、身体状况、人际关系等因素的影响，因此，乘客可能对同一司机的行为产生完全不同的评价。

（二）乘客情绪的表现分析

1. 语言分析

乘客的语言、语调、语气都能反映其所处的情绪状态，司机通过语言分析乘客的情绪状态从而提供相应的服务（见表2.1）。

表 2.1　乘客语言与情绪状态

乘客的语言		乘客的情绪状态
话语	师傅，请问……	随和、理性
	我说的是……	困难的，要求很高的
	我不是这个意思	气愤、争论
	喂……	直爽、激动
语调	语调轻快	高兴、快乐
	语调低沉缓慢	自然、随和、疲惫
	语调高低起伏	不高兴、不耐烦
	语调缓和，小声	随和、理性
	语调强烈，大声	愤怒

2. 表情分析

很多时候，人的面部表情能直接反映出人的情绪状态，乘客的几种具有代表性的表情分析如表2.2所示。

表 2.2 乘客表情与情绪状态

乘客的表情	乘客的情绪状态
眉毛微微上扬	惬意
眉眼低垂	悲伤
面无表情	精神欠佳
嘴角上翘	愉悦
眼睛圆睁，紧张	恐惧
眼睛圆睁，牙齿外露	愤怒
鼻孔外翻，嘴唇紧闭	生气

3. 姿态分析

人的身体姿态也能反映出人的情绪状态，乘客的几种具有代表性的姿态分析如表 2.3 所示。

表 2.3 乘客姿态与情绪状态

乘客的姿态	乘客的情绪状态
搓手	焦虑
弯腰弓背	疲倦、不耐烦、不高兴
膝盖晃动	不耐烦
手指关节作响	愤怒、不耐烦
挺立	直爽、坦率
行走速度快	热情或是要求高
踱步	闲散，不慌不忙
双手叉腰	情绪激动

五、心理自助方法和技术

情绪不好怎么办?心理自助很重要。下面介绍几种常用的心理自助方法和技术。

(一)合理宣泄法

合理宣泄就是利用或创造某种条件、情绪,以合理的方法把压抑的情绪倾诉和表达出来,以减轻或消除心理压力,稳定情绪的一种方法。当公交车司机意识到自己有不良情绪时,可以向家人、同事、朋友倾诉,以及通过运动等方式来合理宣泄。

德国柏林自由大学的医生曾经做过一个实验：他们追踪了12位对药物基本无反应的重度抑郁症患者，研究人员要求这些患者每天运动30分钟，在十天运动期间内逐渐增加其运动量，并记录患者的情绪变化状况。结果在10天后，有6名患者表示抑郁情绪大有改善。由此可见，运动是缓解情绪有效的方式之一。

（二）呼吸放松法

呼吸放松法可以通过调节呼吸，增加血氧，促进代谢，缓解疲劳，从而达到全身心的放松，稳定情绪。

1. 腹式呼吸法

1）适用人群：所有人。

2）练习方法。

（1）仰卧或是舒适的坐姿或站姿，全身放松。

（2）先缓缓地深吸气，感受气体从你的鼻腔进入，轻轻地充满你的肺部，一直到你的腹部，最大限度地向外扩张腹部（鼓起肚子），之后，轻柔地告诉自己："我现在很平静、很平静……"

（3）再慢慢地吐出肺部和腹部的气体，最大限度地向内收缩腹部（回缩肚子），并对自己说："我的身体正在释放不良情绪！"

（4）每次5～15分钟，每天练习1～2次。

3）技术要点。

呼吸要深长而缓慢，尽量用鼻吸气，用口呼气。身体好的人，屏息时间可以延长，呼吸节奏尽量放慢加深；身体差的人，可以不屏息，但气要吸足。

2. 数息呼吸法

1）适用人群：静不下心、心烦意乱、躁动不安的人。

2）练习方法。

（1）全心全意注意自己的呼吸。

（2）数自己的呼吸（不出声默念，亦可以数吸的次数）。

呼气，数1，吸气；

呼气，数2，吸气……（一直数到7）

数到7之后，从头再来。可用闹钟定好练习的时间，开始从每次5分钟做起，逐渐延长练习时间。

3）技术要点。

（1）每次时间长短不是重点，重点在于通过练习慢慢学会专注。

（2）重复做，直到呼吸时只有数字没有杂念为止。

3. 觉察呼吸法

1）适用人群：轻中度焦虑的人。

2）练习方法。

（1）选择一个舒适的姿态，轻轻闭上眼睛，放松头顶，

操作指南

放松眉心，放松眼球和脸颊，放松舌头、牙齿、脖子、肩膀，把注意力放在自己的呼吸上，专注于自己的呼吸。

（2）开始觉察到你正在进行的呼吸。把你的注意力放在你的腹部上，注意它随着吸气而扩展，随着呼气而下沉（或者注意气息进入或离开鼻腔的过程，或者感受你认为很容易感受到的呼吸的部位）。尽你所能关注你呼吸的感觉，关注每一个呼吸，尽可能地去接近每一次空气进入身体的整个持续过程，以及每一次呼气空气离开身体的整个过程，一次呼吸，又一次呼吸，像是驾驭着一起一伏的波浪。感受你的呼吸，感受气息进入你的身体，再离开你的身体。吸气的时候，感受氧气进入身体，滋养身体的每一个细胞；呼气的时候，感受身体不需要的浊气都随着呼出去的气息排出体外，感受身体越来越放松。当注意力从呼吸上跑开时，没有关系，只是静静地观察着这种"走神"，然后慢慢地把意识带回到自己的呼吸上。每一刻都是重新开始，任何时候我们都可以回到此刻的吸气或是此刻的呼气。让我们就这样保持着对呼吸的觉知，接下来几分钟享受自己的呼吸。感受吸气的时候，享受氧气充满身体每一个细胞，滋养身体每一个细胞；感受呼气的时候，感受排除浊气，每一个细胞都得到放松。一次呼吸，又一次呼吸，你会变得越来越舒适，越来越平静。

（3）慢慢地，你闻到一种味道，听到一种声音，有触觉感受，慢慢地睁开眼睛。好，现在你已经结束呼吸练习，你会感到身体变得更轻松、更有活力。

3）技术要点。

（1）专注于此时此地你正在进行的呼吸，觉察身体感受。

（2）不评判，用旁观者的姿态觉察，接纳自己的走神状态，温柔地把注意力拉回到此刻的呼吸就好。

（三）自助技术——本体感觉练习

1. 适用人群

该技术适合所有人，尤其是情绪崩溃、内心不安全、处于抑郁状态的人。

操作指南

2. 练习方法

（1）稳稳地坐在椅子上，双脚着地，背靠在椅背上，分别感受地面、椅子、椅背对自己身体的支撑。

（2）动一下脚趾，感受脚趾的感觉，把所有的注意力集中在脚趾上；动一动脚踝，感受脚踝的感觉，把所有注意力集中在脚上。如果你愿意，可以闭上双眼去感受。

（3）让脚掌着地，脚后跟抬高；脚后跟着地，脚掌抬起。反复 6 次，逐渐开始跺脚，速度慢慢快起来，发出尽可能大的声音，30 秒后慢慢地停下来。

（4）把注意力集中在脚上，注意现在的脚是什么感觉，是温的还是冷的呢？

（5）身体微微向前移动，坐在椅子的前 1/2 处，把双手放在臀部下面，感受上半身的重量，感受身体对手的压迫感。

（6）把手拿出来，感受臀部与椅子的接触，慢慢把注意力集中在胯部，利用髋关节向前向后移动，感受髋关节对身体的支撑。

（7）用双手拍打整个下肢，从右下肢开始，从上到下、从里到外轻轻拍打，感受右下肢的感觉。想象双手是可以说话的，跟右下肢打招呼："你感觉怎么样？"一边拍打，一边想象对话。邀请右下肢更好地感受它是身体重要的部分，用我们的双手邀请右下肢（双手从上到下抚摸右下肢），感受右下肢的感觉。

（8）现在用同样的方法拍打和抚摸左下肢（指导语同上）

（9）双手由下到上揉搓双腿直到臀部，把注意力集中在手、腿、臀部的感觉上。闭上眼睛，感受臀部、双脚就像建筑的基石一样，很有力量。

（10）现在放松下来，双手放在椅子两侧，稍微支撑上身，闭眼感受双脚此刻的感受，感受此时此刻的呼吸。随后，用自己的脊柱画圈，向前向后画圈，感受脊柱此刻的感觉。

（11）想象双手是可以说话的，用左手按摩右边肩膀、手臂、手指，尝试闭上眼睛，告诉自己"虽然现在遇到了困难，但一切都会好起来。"

（12）用右手按摩左边肩膀、手臂、手指，闭上眼睛，告诉自己："虽然现在遇到了困难，但一切都会好起来。"

（13）双手虎口向内放在大腿上，深吸一口气，站起来，双手向上甩，发出"呼"声，将气体吐出体外，感受自己的声调，"呼"声逐渐变大，按照自己的节奏来做，做10次。

3. 技术要点

需要注意的是，拍打、按摩身体时，速度慢一点。自我专注地感受身体的感觉。当发出"呼"声时，尽量将气体呼出体外，一定要发出声音且声音逐渐变大。建议反复多次练习。

心灵开朗的人，面孔也是开朗的。

——席 勒

愤怒将理智的灯吹熄，所以考虑解决一个重大问题时，你必须脉搏缓慢、心平气和、头脑冷静。

——英格索尔

你是否拥有健康的情绪？[1]

下面是30道情绪自测题，每题有A、B、C三个选项，请你仔细阅读后诚实作答，每题只选一项。

---

[1] Cohen 于 2013 年编制的《情绪稳定性测试》（ESS）。本量表仅作为自评初步识别，如发现有问题，建议找心理咨询师或是心理医生进一步筛查和咨询。

测验题目

1. 看到自己最近一次拍摄的照片，你有何想法？（　）

   A. 觉得不称心　　B. 觉得很好　　　C. 觉得可以

2. 你是否想到多年后会有什么使自己极为不安的事？（　）

   A. 经常想到　　　B. 从来没有想过　C. 偶尔想到过

3. 你是否被朋友、同学或同事起过绰号、挖苦过？（　）

   A. 这是常有的事　B. 从来没有　　　C. 偶尔有过

4. 你上床以后，是否经常再起来一次，看看门窗是否关好，水龙头是否拧紧等？（　）

   A. 经常如此　　　B. 从不如此　　　C. 偶尔如此

5. 你对与你关系最密切的人是否满意？（　）

   A. 不满意　　　　B. 非常满意　　　C. 基本满意

6. 半夜时，你是否经常觉得有什么值得害怕的事？（　）

   A. 经常　　　　　B. 从来没有　　　C. 极少有这种情况

7. 你是否经常因梦见什么可怕的事而惊醒？（　）

   A. 经常　　　　　B. 从来没有　　　C. 极少有这种情况

8. 你是否曾经有多次做同一个梦的情况？（　）

   A. 有　　　　　　B. 没有　　　　　C. 记不清

9. 有没有一种食物令你吃后呕吐？（　）

   A. 有　　　　　　B. 没有　　　　　C. 记不清

10. 除去看见的世界，你心里有没有另外一个世界？（　）

    A. 有　　　　　　B. 没有　　　　　C. 记不清

11. 你心里是否时常觉得你不是现在的父母所生？（ ）
    A. 时常   B. 没有   C. 偶尔有
12. 你是否曾经觉得有一个人爱你或者尊重你？（ ）
    A. 是   B. 否   C. 说不清
13. 你是否常常觉得你的家人对你不好，但你又的确知道他们实际上对你很好？（ ）
    A. 是   B. 否   C. 偶尔
14. 你是否觉得没有人了解你？（ ）
    A. 是   B. 否   C. 说不清楚
15. 早晨起床时，你最经常的感觉是什么？（ ）
    A. 忧郁   B. 快乐   C. 讲不清楚
16. 每到秋天，你经常的感觉是什么？（ ）
    A. 秋雨霏霏或枯叶满地   B. 秋高气爽或艳阳天
    C. 不清楚
17. 你在高处的时候是否觉得站不稳？（ ）
    A. 是   B. 否   C. 有时候是这样
18. 你平时是否觉得自己很强健？（ ）
    A. 是   B. 否   C. 不清楚
19. 你是否一回家就立即把房门关上？（ ）
    A. 是   B. 否   C. 不清楚
20. 你坐在小房间里，把门关上后，是否觉得不安？（ ）
    A. 是   B. 否   C. 偶尔是
21. 当一件事需要你做决定时，你是否觉得很难？（ ）
    A. 是   B. 否   C. 偶尔是

22. 你是否常常以抛硬币、翻纸牌、抽签之类的游戏来测凶吉？（ ）

  A. 是　　　　B. 否　　　　C. 偶尔

23. 你是否常常因为碰到东西而跌倒？（ ）

  A. 是　　　　B. 否　　　　C. 偶尔

24. 你是否需要一个多小时才能入睡，或醒得比你希望的早一个小时？（ ）

  A. 经常这样　　B. 从不这样　　C. 偶尔这样

25. 你是否曾看到、听到或感觉到别人觉察不到的东西？（ ）

  A. 经常这样　　B. 从不这样　　C. 偶尔这样

26. 你是否觉得自己有超乎常人的能力？（ ）

  A. 是　　　　B. 否　　　　C. 不清楚

27. 你是否觉得有人跟着你而心里不安？（ ）

  A. 是　　　　B. 否　　　　C. 不清楚

28. 你是否觉得有人在注意你的言行？（ ）

  A. 是　　　　B. 否　　　　C. 不清楚

29. 当你一个人走夜路时，是否觉得暗藏着危险？（ ）

  A. 是　　　　B. 否　　　　C. 偶尔

30. 你对别人自杀有什么想法？（ ）

  A. 可以理解　　B. 不可思议　　C. 不清楚

测评方法

  以上各题的答案，选 A 得 2 分，选 B 得 0 分，选 C 得 1 分。请将你的得分统计一下，算出总分。

测评分析

总分 0~20 分，表明你情绪良好、自信心强，具有较强的美感、道德感和理智感。你有一定的社会活动能力，能理解周围的人的心情，顾全大局。你一定是一个性情爽朗、受人欢迎的人。

总分 21~40 分，说明你情绪基本稳定，但较为深沉，对事情的考虑过于冷静，处事淡漠消极，不善于发挥自己的个性。你的自信心受到压抑，办事热情忽高忽低，易瞻前顾后，踌躇不前。

总分在 41 分以上，说明你情绪不佳，日常烦恼太多，常处于紧张和矛盾之中。

如果你的得分在 50 分以上，则是一种危险信号，请务必找心理医生做进一步诊断。

 **你知道怎么应对压力吗？**

服务行业竞争激烈，交通运输安全责任重大，使得每一位从业者都背负着很大的工作压力。虽然说适当的压力能使人挑战自我、发挥潜力、提高工作效率和创造力，但是每个人承受压力的能力是有限的。公交车司机如果长时间承受较大的压力，不但会影响身心健康和工作效率，甚至会出现性情的变化和偏激行为。这值得每一位公交车司机重视。

一、认识压力

（一）工作压力的含义

工作压力是指因工作负担过重、变换岗位、工作责任过大或改变等对人造成的压力。

公交车司机的工作压力来自两部分：一是自己加压，很多人为了将来的发展给自己制定短期或是长期的目标，要求自己达到，给自己加压；二是来自公司的要求，如一定时间内公司安排的驾乘次数过多、驾驶的时间较长等。

（二）工作压力过大的表现

如果公交车司机长期处于高强度的压力之中，且压力得不到有效缓解，就会产生一系列的不良反应。

1. 影响工作

主要表现为对工作不满意，有倦怠感，无责任心，注意力不集中，工作效率降低，惧怕困难，缺勤率高，失误增多。

2. 影响健康

工作压力过大，会使人对外界事物兴趣减退，出现失眠、焦躁不安、疲惫、情绪波动、多疑、孤独等现象，如果压力长时间得不到缓解，还会降低人体的免疫力，损伤心脏和血液循环系统，影响公交车司机的身心健康。

3. 出现危害行为

工作压力过大会使人出现一些危害自身或他人的行为，如吸烟、酗酒、滥用药物，与同事发生冲突，迁怒于其他家庭成员等。

4. 改变性情

工作压力过大也会导致人的性情改变，比如性格外向的人突然不愿意与人交流，显得心事重重，情绪低落，也可能容易激动、发怒，易冲动。

二、压力来源

公交车司机的压力源有很多种，有些压力源是经常性的，有些是偶然性的，经常性的压力源可能对员工产生较大影响，而偶然性的压力源则影响较小，概括地说主要包括以下几个方面。

（一）工作原因

1. 工作环境

车厢工作环境相对密闭，空间狭小，空气浑浊，氧气含量低，噪声明显，这些都可能导致司机的健康出现问题。此外，司机在驾驶过程中会接触到素质参差不齐和各种心理状态的乘客，当遇到突发事件时，可能会遭受到乘客无理的谩骂与指责，这必然会使其感觉压抑。

2. 工作内容

一般来说，公交车司机驾驶线路相对固定，单调乏味的工作容易使其产生心理疲劳。加之无人售票技术推广，目前绝大多数公交车司机除了负责驾驶工作外，还需承担售票监督等工作，且运营过程中所有事情都需要一个人面对，劳动强度较大。

对于公交车司机而言，在客运服务过程中往往还需要应对各种突发事件。目前，我国大部分城市道路情况非常复杂，一旦发生交通事故，就会带来财产等损失，造成严重后果。因此，公交车司机必须心系运营安全，对于安全问题整日忧心忡忡，这是其压力的潜在来源。

3. 工作评价

服务质量一直是评价服务行业的标尺，司机岗位工作责任重大，工作纪律要求严格，为保证质量，企业各类考核也多，一旦出现差错就要进行处罚，如发生交通事故，甚至背负绵绵无期的赔偿债务，所以，司机总是觉得工作负荷重，压力也大。同时，企业工作人员之间人际关系以及与上级领导的关系，薪酬待遇水平和公平性，个人的职业晋升机会等都会给从业人员带来持续的压力。

（二）家庭原因

公交车司机以中年男性为主，他们处在上有老、下有小的人生阶段，早出晚归，陪伴家人的时间较少，经济收入不

高，心理压力较大。一些公交车司机缺乏对职业的认同感，心里苦闷，如果再遇到家庭变故、婚姻破裂等危机，其心理压力将会更大。

> 压力无处不在，有的会随着时间慢慢积累，有的突如其来、攻击迅猛。很多压力看似不起眼，但很可能成为压倒骆驼的最后一根稻草。

三、压力的阶段性特征

医学研究表明，人体器官为了抵御和化解外界环境压力的影响，会形成一系列的条件反射，大体可以分为三个阶段。

1. 警觉反应阶段

公交车司机在获取信息并经过大脑分析后，意识到外界环境存在潜在压力，例如客运任务时间紧迫时遇上堵车，司机可能会出现出汗、呼吸加快、血压升高等生理反应。

2. 压力维持阶段

如果外界压力逐渐得到缓解，体内的激素也会逐渐减少分泌；如果外界压力不能得到缓解，身体各功能器官为了抗拒外界的压力会积极地工作，不断消耗人体的能量。

3. 精疲力竭阶段

压力长时间得不到缓解，人体的各个器官的抗压工作会

一直持续,造成身体巨大的能量消耗,产生疲劳。如果身体没办法及时补充足够的能量,就会导致身心健康问题,比如免疫力下降、注意力无法集中,甚至抑郁。

四、缓解工作压力的方法

公交车司机常用的缓解压力的方法有以下四种。

1. 适当休息放松

在一天的紧张工作间隙,我们可以在休息室进行短暂的休息,如闭目养神、多做深呼吸,或去户外呼吸新鲜空气,接触阳光,这样可以放松大脑,防止压力情绪的形成。我们

应避免压力情绪的蔓延，否则在阶段性的工作结束后，这种情绪容易升级成为压倒性的工作压力。

2. 主动释放压力

当我们感受到太多压力时，应当主动寻找正确的途径去释放自身的压力。我们可以将内心的郁闷和压力对最知心的友人、同学、亲人或是专业的心理咨询师诉说，释放压力。

3. 重新分析评价

其实生活中很多压力都是源于我们对此诱发事件的认知，我们往往因为别人无意的一个眼神、无意的一句话、无意的一个行为而产生不必要的心理压力。我们可以试着站在对方的立场上思考问题，重新梳理事情的起因，分析自己的压力来源，说不定就能豁然开朗。

4. 正确看待压力

我们不要惧怕压力，适度的压力可以成为进步的动力，使我们对工作充满激情和干劲。

五、失眠的心理自助方法和技术

你是不是还在为每晚入睡困难或是睡得不踏实而痛苦？你是不是即使晚上睡了，第二天醒来依然感觉昏昏沉沉？你是否发现睡眠不好导致记忆力下降或无法集中注意力，只能

靠浓茶或咖啡提神呢?你是否因为失眠而第二天情绪不稳定,变得暴躁易怒呢?你不是唯一一个为此苦恼的人。据不完全统计,三分之一的成年人都曾经有过,或是正在经历着失眠。

1. 失眠的概述

失眠,通俗地讲,就是夜间睡不着或是醒后不能再入睡。失眠表现为入睡困难、早醒、睡眠质量下降等。人如果连续几天睡不好觉,会感觉非常痛苦。经常失眠会导致人的身体素质下降,会严重影响人的大脑思维,好的睡眠让人神清气爽、思维活跃,而长期失眠会让大脑一直处于工作状态,进而严重影响工作效率。按照病因,失眠可以分为原发性失眠和继发性失眠。原发性失眠是没有明确病因的失眠,包括心理生理性失眠等;而继发性失眠是躯体疾病、精神障碍、药物滥用导致的失眠。新近发生的失眠,如果是各种焦虑所致,如夫妻吵架、人际关系、工作问题、对自身健康的关注和担忧等,属于原发性失眠;如无这些心理和情绪问题,则应考虑躯体疾病的原因。

2. 识别失眠的恶性循环

很多司机朋友因为一些具体的压力事件而睡不着,常常进入一种恶性循环,在床上反复纠结,反复自责,不停地回想当天行车过程中发生的事情,考虑第二天出车前的准备工作等,大脑非常活跃,越想越兴奋,越兴奋越睡不着。

"天啦,我都在床上辗转反侧,躺了几个小时了,居然还没睡着!难道这一夜又废掉了?烦死了!"

"明天早上还要早起出车,我却躺在这里睡不着,明天万一起不来怎么办?精神不好,影响行车安全怎么办?哎!又是可怕的一天!"

"为什么我睡不着呢?今天我明明很累啊!"

"脑子里一直在胡思乱想,没完没了,我怎么会这样呢?"

"天快亮了,我怎么还没睡着?!"

失眠会引起焦虑、烦躁等,会让人无法入睡。越失眠,情绪越糟糕,越难以入睡,这就是失眠的恶性循环。

对于失眠的人来说,大脑如同中了病毒的电脑,完全不受控制。闭上眼睛,整个脑袋却非常活跃。工作、情感、生

活等方方面面的问题都在大脑里循环反复。其实，大多数人失眠都和压力有关。

3. 失眠的改善方法

1）接纳失眠。

打破失眠的恶性循环，需要我们充分地、真正地接纳失眠这件事。我们要知道，失眠不是你的错，没有人可以充分掌控自己的睡眠。失眠这件事，恰恰是你越想掌控，越控制不住，这给失眠者带来很大的痛苦。睡不着就干脆起来学习英语，做家务……等有睡意了再上床休息。

2）舍恩呼吸法。

舍恩呼吸法是改善心理因素导致的睡眠障碍的方法。

（1）练习方法。

第一步，鼻子吸气；

第二步，吸气后屏住呼吸1~2秒；

第三步，呼气时，分3次从口中呼出空气，每次中间停顿1~2秒（呼气时，可发出柔和的"嘘"的声音）；

第四步，连续重复练习4~6次。经过几个周期的练习，延长呼气之间的间隔。

（2）技术要点。

第一，尽量用腹式呼吸法呼吸。

第二，呼气时，感受头部和身体的感觉，想象自己的身体变得越来越轻，身体缓缓上升，慢慢地漂浮起来，体会漂浮的感觉。

我觉得坦途在前,人又何必为了一些小障碍而不走路呢?

——鲁　迅

卓越的人的一大优点是,在不利与艰难的遭遇里百折不挠。

——贝多芬

你的心理压力如何？[1]

请你仔细阅读后，根据自己的实际情况，选择最符合自己的答案，在答案上画"√"。

Q1：我受背疼之苦	总是 4分	经常 3分	有时 2分	很少 1分	从未 0分
Q2：我的睡眠不足且睡不安稳	总是 4分	经常 3分	有时 2分	很少 1分	从未 0分
Q3：我头很疼	总是 4分	经常 3分	有时 2分	很少 1分	从未 0分
Q4：若须等候，我会不安	总是 4分	经常 3分	有时 2分	很少 1分	从未 0分
Q5：我感觉后颈疼痛	总是 4分	经常 3分	有时 2分	很少 1分	从未 0分
Q6：我比多数人更神经紧张	总是 4分	经常 3分	有时 2分	很少 1分	从未 0分
Q7：我很难入睡	总是 4分	经常 3分	有时 2分	很少 1分	从未 0分
Q8：我的头感到紧或疼	总是 4分	经常 3分	有时 2分	很少 1分	从未 0分
Q9：我的胃有病	总是 4分	经常 3分	有时 2分	很少 1分	从未 0分

---

[1] 瑞士心理学家埃德沃兹于1983年编制的《心理压力测试》。本量表仅作为自评初步识别，如发现有问题，建议找心理咨询师或是心理医生进一步筛查和咨询。

续表

Q10：我对自己没有信心	总是 4分	经常 3分	有时 2分	很少 1分	从未 0分
Q11：我对自己说话	总是 4分	经常 3分	有时 2分	很少 1分	从未 0分
Q12：我忧虑财务问题	总是 4分	经常 3分	有时 2分	很少 1分	从未 0分
Q13：与人见面时，我会窘怯	总是 4分	经常 3分	有时 2分	很少 1分	从未 0分
Q14：我怕发生可怕的事	总是 4分	经常 3分	有时 2分	很少 1分	从未 0分
Q15：白天我觉得累	总是 4分	经常 3分	有时 2分	很少 1分	从未 0分
Q16：下午我感到喉咙痛，但并非由于感冒	总是 4分	经常 3分	有时 2分	很少 1分	从未 0分
Q17：我心情不安，无法静坐	总是 4分	经常 3分	有时 2分	很少 1分	从未 0分
Q18：我感到非常口干	总是 4分	经常 3分	有时 2分	很少 1分	从未 0分
Q19：我的心脏有病	总是 4分	经常 3分	有时 2分	很少 1分	从未 0分
Q20：我觉得自己不是很有用	总是 4分	经常 3分	有时 2分	很少 1分	从未 0分
Q21：我吸烟	总是 4分	经常 3分	有时 2分	很少 1分	从未 0分
Q22：我肚子不舒服	总是 4分	经常 3分	有时 2分	很少 1分	从未 0分
Q23：我觉得不快乐	总是 4分	经常 3分	有时 2分	很少 1分	从未 0分
Q24：我流汗	总是 4分	经常 3分	有时 2分	很少 1分	从未 0分

续表

Q25：我喝酒	总是 4分	经常 3分	有时 2分	很少 1分	从未 0分
Q26：我很自觉	总是 4分	经常 3分	有时 2分	很少 1分	从未 0分
Q27：我觉得自己像被四分五裂	总是 4分	经常 3分	有时 2分	很少 1分	从未 0分
Q28：我的眼睛又酸又累	总是 4分	经常 3分	有时 2分	很少 1分	从未 0分
Q29：我的腿或脚抽筋	总是 4分	经常 3分	有时 2分	很少 1分	从未 0分
Q30：我的心跳过快	总是 4分	经常 3分	有时 2分	很少 1分	从未 0分
Q31：我怕结识人	总是 4分	经常 3分	有时 2分	很少 1分	从未 0分
Q32：我有十二指肠溃疡	总是 4分	经常 3分	有时 2分	很少 1分	从未 0分
Q33：我手脚冰冷	总是 4分	经常 3分	有时 2分	很少 1分	从未 0分
Q34：我患便秘	总是 4分	经常 3分	有时 2分	很少 1分	从未 0分
Q35：我未经医师指示使用各种药	总是 4分	经常 3分	有时 2分	很少 1分	从未 0分
Q36：我发现自己很容易哭	总是 4分	经常 3分	有时 2分	很少 1分	从未 0分
Q37：我消化不良	总是 4分	经常 3分	有时 2分	很少 1分	从未 0分
Q28：我咬指甲	总是 4分	经常 3分	有时 2分	很少 1分	从未 0分
Q39：我耳中有嗡嗡声	总是 4分	经常 3分	有时 2分	很少 1分	从未 0分

续表

Q40：我小便频密	总是 4分	经常 3分	有时 2分	很少 1分	从未 0分
Q41：我有胃溃疡	总是 4分	经常 3分	有时 2分	很少 1分	从未 0分
Q42：我有皮肤方面的病	总是 4分	经常 3分	有时 2分	很少 1分	从未 0分
Q43：我的咽喉很紧	总是 4分	经常 3分	有时 2分	很少 1分	从未 0分
Q44：我发现很难做决定	总是 4分	经常 3分	有时 2分	很少 1分	从未 0分
Q45：我担心我的工作	总是 4分	经常 3分	有时 2分	很少 1分	从未 0分
Q46：我口腔溃烂	总是 4分	经常 3分	有时 2分	很少 1分	从未 0分
Q47：我为琐事忧虑	总是 4分	经常 3分	有时 2分	很少 1分	从未 0分
Q48：我呼吸浅促	总是 4分	经常 3分	有时 2分	很少 1分	从未 0分
Q49：我觉得胸部紧迫	总是 4分	经常 3分	有时 2分	很少 1分	从未 0分

测评方法

请将每题得分相加计算总分。常模为 54 ± 22。没有年龄、性别上的显著差异。

测评分析

得分 93 分以上：表示你确实正以极度的压力反应伤害自己的健康，你需要专业心理咨询师或心理医生帮助。

得分 82～92 分：这个分数表示你正经历太多的压力，这正在损害你的健康，人际关系发生问题。你的行为会伤害自己，也会影响其他人。因此，对你来说，学会如何减压是非常必要的。你可能必须花时间做练习，学习控制压力，也可以寻求专业的帮助。

得分 71～81 分：这个分数显示你的压力程度中等，可能正开始对健康不利。

得分 60～70 分：这个分数指出你生活中的兴奋与压力也许是相当适中的。偶尔一段时间压力较大，但你也许有能力去缓解压力，并且很快回到平衡状态，因此对你的健康不会造成威胁。做一些松弛训练仍是有益的。

得分 49～59 分：这个分数表示你能够控制你自己的压力反应，你是一个相当放松的人。也许你在遇到各种压力时，并没有将它们解释为威胁，所以你很容易与人相处，可以毫无惧怕地工作，也没有失去信心。

得分 38～48 分：这个分数表示你对所遭遇的压力不关心，甚至不当一回事，好像没有发生过一样。这对你的健康不会有什么负面影响，但你的生活缺乏适度的兴奋，因此趣味有限。

得分 27～37 分：这个分数表明你的生活可能是相当沉闷的，即使刺激或有趣的事情发生了，你也很少做出反应。可能你必须参加更多的社会活动或娱乐活动，以增强你的压力激活反应。

得分 16～26 分：如果你的分数值落在这个范围内，也许意味着你在生活中所经历的压力经验不够，或是你没有正确地分析自己。你最好更主动些，在工作、社交、娱乐等活动上多增加些刺激。建议寻求心理咨询师帮助。

面对挫折，你怎么调适呢？

人的一生很少一帆风顺，难免遇上这样或那样的困难和挫折。不同的人对待挫折的态度和方法不同，正确的态度和方法能使人从挫折中总结经验、吸取教训，增强心理承受能力和解决问题的能力。若不能直面挫折，则会给我们造成巨大的心理痛苦，引起失意、沮丧、悲观、消沉，甚至种种疾病。

一、认识挫折

（一）挫折及挫折耐受力

1. 挫　折

挫折是一种社会心理现象，是指一个人在行为活动中，遇到无法克服或自以为无法克服的障碍或干扰，而产生的紧张的心理状态与情绪体验。

2. 挫折耐受力

挫折耐受力指个人对挫折的心理承受能力，即个体适应挫折、抵抗挫折和应对挫折的能力。通常，挫折耐受能力较强的人，在遇到挫折时表现为挫折反应小、影响时间较短、消极影响较少；而挫折耐受力较弱的人，往往在挫折面前会表现出手足无措，挫折对其影响较大，其心理容易受到伤害，甚至出现个体的心理和行为异常。

（二）挫折产生的原因

挫折是人的一种主观的心理感受。即使是同样的境遇，由于人们的心理状态、认知角度、需要动机不同，在遇到挫折时的表现也会大不一样，产生挫折的原因是多种多样的。

1. 客观原因

自然环境和社会因素都会令人产生挫折感，例如由别人失误造成的意外交通事故，经济、习惯等方面的限制导致行为目标难以实现。

2. 主观原因

个人的"三观"与现实冲突，抱负水平、需求未满足的心理冲突等都会给人带来挫折感。

3. 组织原因

组织的管理水平和工作环境，如人际关系、工作性质等是使员工产生挫折感的重要原因。例如，公交企业管理者的管理方式直接影响到公交车司机工作时的情绪状态。工资偏低、不公平的晋升制度等都会令员工产生挫败感。

（三）挫折的行为表现

个体在遇到挫折后的反应存在差异性。一般来说，挫折的行为表现有积极和消极两种。

1. 积极的行为表现

当我们遇到挫折时，如果挫折没有超过个体的耐受力，那么对我们来说是一种磨炼，可以提高我们解决问题的能力。积极的行为表现是正视挫折、承认挫折，正确分析挫折产生的主客观原因，总结经验教训，以积极的行为方式面对，最后战胜挫折。主要表现为坚持、认同、补偿、升华和幽默。

2. 消极的行为表现

一些人在遇到挫折时，会采取消极的态度，产生一些具有攻击性、盲目性的行为。例如出现攻击行为，产生焦虑、冷漠情绪等。

二、面对挫折的心理防御

个体在遭受挫折后会出现一系列的不适应，产生紧张不安、烦恼恐惧等心理体验，甚至引起血压升高、呼吸急促、心跳加速等生理反应。公交车司机也不例外，其在遭受挫折后，应主动采取应对措施，从而减少挫折情绪对自身的负面影响。下面介绍几种心理防御机制。

（一）合理化作用

合理化作用是人们在日常生活中常用的心理防御机制之

一。简单地说，就是当我们遇到挫折后会为自己找各种理由，从而达到自我安慰的目的。

（二）逃避作用

逃避作用，简单地说，就是个体不敢面对挫折，而逃到自己认为安全的环境中。例如沉迷于工作外的嗜好或娱乐，以排除焦虑情绪。

（三）压抑作用

压抑作用，就是将不愉快的情绪排除在意识之外，深藏在个体的潜意识中。

（四）代替作用

代替作用，简单地说，就是在遇到挫折后，将注意力转移到别的目标上，从而获得心理平衡。

（五）投射作用

投射作用，是指将自己的某种负面的念头、恶习反向"投射"到别人身上。"以小人之心，度君子之腹"就是一种典型的心理投射作用。

（六）表同作用

表同作用和投射作用相反，是指在遭遇挫折后，把别人优质的品质附加在自己身上，从而获得成功的满足感。

（七）反向作用

反向作用，简单地说，就是为了掩饰自己认为不良的动机被他人发现，而故意采取相反的行为，从而消除焦虑心理。

三、公交车司机的挫折心理应对

挫折往往会引起人们行为上和生理上的消极反应，对公

交车司机来说，挫折往往会影响其工作积极性，因此，可以从以下几个方面应对。

（一）正确归因

我们不应该畏惧挫折，而应该冷静地直面挫折，正确对待挫折。避免用唯一的标准来要求自己，制定合理可行的目标，量力而行。遇到挫折时，我们要冷静地分析挫折产生的原因，吸取经验教训，提高自己对挫折的耐受力。

（二）改变环境

挫折事件与周围环境往往紧密相连，因此，我们可以通过改变环境来摆脱挫折，或是将注意力转移到其他事件上，如与好朋友到户外散散心，呼吸新鲜空气，感受大自然的美好，再回到工作岗位时感觉会不一样。

（三）合理宣泄

心理宣泄，是受挫者在创设的安全的、自由的环境中发泄自己被压抑的情感。通常一个人处于挫折情境中，会以一种非理性的情绪反应取代理智行为。将这种不良的情绪发泄出来，则能达到心理平衡，恢复理智状态。因此，我们可以采取健康的宣泄方法，例如爬爬山、打打球，或者吼几声、哭一场等。当情绪发泄后，往往就会平静下来。

（四）建立心理支持系统

当我们面对挫折甚至突发灾难时，建立牢固的支持系统，

有利于个人更好、更快地走出低谷。心理支持系统主要由家人、朋友、组织等共同建立。遇到挫折时我们可以向家人、朋友、同事倾诉，感受关怀，听从开解，消除误会，稳定情绪。

（五）培养战胜挫折的能力

人生没有一帆风顺，也没有天生的赢家，挫折不可避免。"不经历风雨，怎么见彩虹？"在遭遇挫折时，不同的态度很可能产生不同的结果。我们可以把挫折当成前进的动力，还可以自我安慰，如告诉自己"吃亏是福""破财免灾""有得有失"，以此调节心理失衡状态。在日常工作、生活中逐步培养战胜挫折的能力。

下面介绍一种实用的面对挫折的心理自助方法和技术，即蝴蝶拥抱法。

（1）交叉双臂放于胸前，双手指尖可以触到锁骨和肩膀之间的区域；

（2）双眼可以闭上或部分闭上，看着鼻尖；

（3）双手交替轻轻拍打，模仿蝴蝶扑闪的翅膀（双手在拍打的时候速度要慢，就像母亲安慰受惊的孩子一样）；

（4）深呼吸，并在这个过程中觉察你脑海中的事物或身体的感觉（比如脑海中的想法、画面、声音或是躯体的触觉、温度觉等，注意不要试图去改变、抑制和评价这些想法和感觉，你可以想象它们就像白云飘过一样。注意在这个过程中，让自己保持安静、专注）；

（5）这个练习可以在1~3分钟内完成。

应该笑着面对生活，不管一切如何。

——伏契克

越是有人责备我，我就越坚强，造谣诽谤对我是补药。

——泰戈尔

你的挫折承受力如何？

你对挫折的承受力如何呢？请你认真阅读下列问题，根据自己的感受和体会作答，并在合适的选择项上画"√"。

测试题目

1. 在过去的一年中，你自认为遭受挫折的次数（　）
A. 0~2次　　　B. 3~4次　　　C. 5次以上

2. 每次遇到挫折，你（　）
A. 大部分都能自己解决
B. 有一部分能解决
C. 大部分解决不了

3. 你对自己的才华和能力的自信程度是（　）
A. 十分自信　　B. 比较自信　　C. 不太自信

4. 面对问题，你经常采用的方法是（　）
A. 知难而进　　B. 找人帮助　　C. 放弃目标

5. 有非常令人担心的事时，你（　）
A. 无法工作　　B. 工作照样不误
C. 介于A、B之间

6. 碰到讨厌的对手时，你（　）
A. 无法应付　　B. 应付自如
C. 介于A、B之间

7. 面临失败时,你( )

A. 破罐破摔　　B. 将失败转化为成功

C. 介于A、B之间

8. 工作进展不顺时,你( )

A. 焦躁万分　　B. 冷静地想办法

C. 介于A、B之间

9. 碰到难题时,你( )

A. 失去自信　　B. 为解决问题而动脑筋

C. 介于A、B之间

10. 工作感到疲劳时,你( )

A. 总是想着疲劳,认为脑袋不好使

B. 休息一段时间,就忘记了疲劳

C. 介于A、B之间

11. 工作条件恶劣时,你( )

A. 无法工作　　B. 能克服困难干好工作

C. 介于A、B之间

12. 产生自卑感时,你( )

A. 不想再干工作　　B. 立即振奋精神去干工作

C. 介于A、B之间

13. 上级给了你很难完成的任务时,你( )

A. 顶回去了事　　B. 千方百计干好

C. 介于A、B之间

14. 困难落到自己头上时,你( )

A. 厌恶之极　　　B. 认为是一次锻炼机会

C. 介于A、B之间

测评方法

1~4题，选择A、B、C分别得2分、1分、0分；

5~14题，选择A、B、C分别得0分、2分、1分。

测评分析

19分以上：说明你的抗挫折能力很强。

9~18分：说明你虽有一定的抗挫折能力，但对某些挫折的抵抗力薄弱。

8分以下：说明你的抗挫折能力很弱。

 职业倦怠，你怎么缓解呢？

上班的早晨，当你站在镜子前，你微笑了吗？这份工作会让你沮丧吗？你厌倦了这份工作吗？你无法控制内心暗藏的消极情绪吗？

由于长期处于压抑和超负荷工作的状态，不少司机感到力不从心，出现工作激情缺乏、工作满意度降低，个人成就感下降和对交通运输服务工作感到倦怠等问题。当前，职业倦怠已经成为影响交通客运企业管理的现实问题，应引起管理者的重视。有效预防和缓解职业倦怠，对交通客运安全及服务质量具有重要的现实意义。

一、认识职业倦怠

（一）职业倦怠的内涵

职业倦怠又称"职业枯竭"，是个人不能应对职业压力时的一种极端反应，是人们因工作时间长、工作量过大、工作强度过高而产生的一种疲惫不堪的状态。

（二）职业倦怠的表现

司机出现职业倦怠后，容易出现对同事和乘客情感上的疏远和冷漠，甚至引起自身生理和心理上的不适和身体疾病，包括易产生疲惫感、食欲下降、睡眠质量变差、体质变弱，产生挫败感、愤怒、紧张、焦虑、恐惧等。

二、司机职业倦怠的原因

导致公交车司机职业倦怠的因素是多方面的，大致可以分为工作因素和自身因素这两类。

1. 工作因素

工作因素是产生职业倦怠的客观因素，如工作环境不佳、工作前景不好、人际关系紧张、晋升无望等都会造成公交车

司机的职业倦怠。由于公交车司机工作时间较长，进而易产生暴躁情绪反应和职业倦怠感。

2. 自身因素

由于公交车司机的意志、性别、能力等存在个体差异，对公交客运服务工作的评价也会有所不同。一些司机对职业认同感不强，认为人际圈狭小，陪伴家人时间较少，因此工作热情降低，产生职业倦怠。

三、防止职业倦怠的措施

因司机岗位性质具有特殊性，公交车司机要学会自我调节，防止各种因素引起的职业倦怠。当然这离不开企业的配合与帮助。

（一）保持积极乐观的心态

公交车司机要学会接受自己并不能完全控制和改变工作中的所有事情的事实，有些事情自己完全可以控制和改变，但有些则无法避免。

（二）正视和接纳倦怠

任何职业从事时间长了，都会产生倦怠。公交车司机要正视和接纳职业倦怠，认识到自己在压力下所产生的种种反应，并不是个人能力的问题，而是很多人都会面对的、正常的心理现象。

(三)改变认知,树立新目标

工作不仅仅是谋生的手段,还可以让我们实现自我价值,让生命更有意义。在工作中,我们不断树立新目标,并努力实现,可以让我们保持对工作的新鲜感。

(四)挖掘工作中的乐趣

把看似重复、枯燥的工作进行"创新",会让人感觉斗志昂扬、精力充沛。例如,在乘客上车时不妨投以微笑、主动问好,当自己的工作令乘客满意,反馈积极时,就会产生美妙的成就感。当我们积极主动、充满激情、热情地去工作时,就不会感到辛苦和倦怠了。

(五)建立心理支持系统

当我们因压力过大而产生倦怠情绪时,不妨积极向家人、亲友倾吐,宣泄情绪,讨论自身状况,分析职业倦怠原因,重拾工作热情;需要某些实际的帮助时,不妨求助领导、同事,请他们给出切实的建议。另外,还可以寻求心理咨询师的专业指导,获得克服职业倦怠的训练方法。

(六)积极锻炼和自我放松

公交车司机要注意劳逸结合,保持充足的睡眠,将健康的娱乐、休闲活动作为工作的调剂品。例如,每次停站休息时,在空地上活动活动全身,可以消除肌肉疲劳感,快速恢复体力;和同事之间还可以开个玩笑、讲讲笑话,缓解不间

断工作带来的紧张和厌烦情绪。工作之余进行适度的、有节奏的有氧运动,如游泳、散步、洗热水澡、练瑜伽、听音乐等,也能缓解倦怠。当我们长时间坚持运动,能有效地降低倦怠感和减轻抑郁情绪。

应当细心地观察,为的是理解;应当努力地理解,为的是行动。

——罗曼·罗兰

真正的快乐是对生活的乐观,对工作的愉快,对事业的兴奋。

——爱因斯坦

职业倦怠测试[①]

下面的职业厌倦程度问卷可以有效评估你的职业厌倦程度。请你认真阅读下列问题,根据自己的感受和体会,判断它们在你身上发生的频率,并在选项内画"√"。

[①] 该《职业倦怠测试》是由美国社会心理学家 Maslach 和 Jaskson 联合开发的。本量表仅作为自评初步识别,如发现有问题,建议找心理咨询师或是心理医生进一步筛查和咨询。

测试题目

序号	内容	从不	极少（一年几次或者更少）	偶尔（一个月一次或者更少）	经常（一个月几次）	频繁（每星期一次）	非常频繁（一星期几次）	每天
1	工作让我感觉身心俱惫							
2	下班的时候我感觉精疲力竭							
3	早晨起床不得不去面对一天的工作时，我感觉非常累							
4	整天工作对我来说确实压力很大							
5	工作让我有快要崩溃的感觉							
6	自从开始干这份工作，我对工作越来越不感兴趣							
7	我对工作不像以前那样热心了							
8	我怀疑自己所做工作的意义							
9	我对自己所做工作是否有贡献越来越不关心							

续表

序号	内容	从不	极少（一年几次或者更少）	偶尔（一个月一次或者更少）	经常（一个月几次）	频繁（每星期一次）	非常频繁（一星期几次）	每天
10	我能有效地解决工作中出现的问题							
11	我觉得我在为单位做贡献							
12	我认为自己擅长自己的工作							
13	当完成工作上的一些事情时，我感到非常高兴							
14	我感到我完成了很多有价值的工作							
15	我自信自己能有效地完成各项工作							

测评方法

1～9题计分为：

从不（0分）	极少（一年几次或者更少，1分）	偶尔（一个月一次或者更少，2分）	经常（一个月几次，3分）	频繁（每星期一次，4分）	非常频繁（一星期几次，5分）	每天（6分）

10~15 题计分为：

从不(6分)	极少（一年几次或者更少，5分）	偶尔（一个月一次或者更少，4分）	经常（一个月几次，3分）	频繁（每星期一次，2分）	非常频繁（一星期几次，1分）	每天(0分)

将得分相加除以 15，求出平均分，再用平均分乘以 20。

测评分析

得分在 50 分以下，表示工作状态良好；

得分在 51~75 分，表示存在一定程度的职业倦怠，建议进行自我心理调节；

得分在 76~100 分，建议休假，离开工作岗位一段时间进行调整；

得分在 100 分以上，建议咨询心理咨询师或辞职，或者换一份工作。

第三部分 司机心理危机的自我评估与干预

引言

据研究表明，因驾驶员的心理问题而造成的交通事故数量高达 80%。当公交车司机在工作中发生严重交通事故后，司机本人及其家属都会产生严重的心理阴影和创伤。因此，公交车司机了解自我心理负荷，初步掌握心理危机的自我甄别方法和心理干预自救技术，对于维护身心健康非常重要。

你知道怎么自我评估心理危机吗？

你知道怎么评估心理危机吗？下面介绍常见的应激反应、心理危机的含义以及心理危机的识别和评估。

一、常见的应激反应

（一）应激的含义

应激是当个体对应激源（紧张的刺激物）进行认知评价后，身心感受到威胁时的一种紧张的状态。应激可分为正常的应激和不良应激，正常的应激是个体调动各种力量，积极应对生活事件的挑战，正常的应激反应有益于个体成长，增强适应环境的能力；而不良应激会出现活动抑制或完全紊乱，如出现失眠、入睡困难、头痛、精力不集中等情况，甚至出现胃肠道反应。

（二）常见的应激反应

当个体遭遇重大冲击后，会发生各种各样的非特异性的反应，会导致人们出现躯体、情绪、认知、行为等方面的生理和心理反应。应激反应是具有自我保护意识的一种正常的

心理反应，它是在提醒我们需要提前做好应对准备。下面具体介绍一下公交车司机常见的应激反应。

1. 躯体反应

免疫力下降，出现无明显原因的疼痛、胃部不适、胸闷、多汗、尿频、发冷、颤抖、心率加快、血压升高、食欲不振、入睡困难、早醒或出现嗜睡等情况。

2. 情绪反应

出现惊慌、紧张、焦虑、愤怒、委屈、不满、抱怨、烦躁、情绪低落等反应。

3. 认知反应

感知觉功能可能受损，易出现记忆力减退、思维反应迟钝、认知不合理等情况，例如总担心出现最坏的结果。

4. 行为反应

有些人会出现焦虑行为，例如反复关注负面新闻报道、出现强迫症行为；有些人会采取吸烟喝酒、暴饮暴食等方式转移注意力；还有一些人选择回避他人、逃避问题或场景，抵触与家人、朋友联系，只想独处，甚至想到自杀。

（三）应激与健康

心理学家霍尔姆斯和雷赫把在现代社会中个体遭遇到的

重大正性生活变化（结婚、升学等）和遭受到的负性生活危机（离婚、死亡等）称为"生活事件"。应激性生活事件是指个体在生活中突然遭遇到的急剧的、形成强烈反响的重大事件。LCU是指反映生活事件可能引起的应激强度。不同的生活事件所产生的心理应激或心理刺激强度是不同的。最强的是配偶死亡，LCU为100；中等强度为结婚，LCU为50；最弱的为轻微违法，LCU为11。霍尔姆斯发现，一年内LCU累计超过300，则75%的人在今后两年内有重大疾病发生；一年内LCU累计在150~300者，则来年有50%的人发病；一年内LCU累计在150以下的人，只有33%的人患病。

二、心理危机的含义

心理危机是个体在遇到突发事件或面临重大挫折和困难时，既不能回避又无法用通常的应对方式解决或应对无效时出现的心理反应。往往意味着个体已经耗竭所有心理资源，处于消极应对甚至有自杀倾向的心理状态。

与心理危机紧密相连的事件是危机事件。危机事件又称为"创伤性事件"。危机事件可以分为个体危机事件和群体危机事件。个体危机事件是指个体在日常生活、工作中遇到的会影响其情绪情感的社会性生活变动的问题，例如亲人亡故、交通事故等。其作为一种心理社会应激源对身心健康会产生重要的影响。生理反应表现为因交感神经兴奋而引起呼

吸加快、心动过速、血压上升等症状；因垂体和肾上腺皮质激素分泌增多引起血糖升高；心理反应包括情绪反应、自我防御反应以及应对反应。例如出现极度恐慌、焦虑、苦恼、抑郁等。危机事件往往是人们进入心理危机状态的直接诱因，它意味着心理平衡的机制被破坏。如果说应激反应是一种保护性反应的话，那么，心理危机则是一般应激反应无力应对的状况，如果这种反应持续时间较长，或者冲击性比较强，有可能会导致急性、亚急性或是慢性的精神障碍。

三、心理危机的识别与评估

一个人处在心理危机的状态，也就是心理失衡的状态，其行为、情绪等方面会发生变化。虽然心理危机的识别和评估需要具有专业资质的心理咨询师进行，但也有一些初级的指标可以帮助我们初步确定是否需要进一步求助。心理危机至少需要符合三个标准：一是最近发生危机事件或是存在一些重大的影响心理事件；二是有上述急剧的情绪、认知等应激反应；三是个人感知自己原有的方法无法应对或应对无效。

请你对照上述三个标准和以下指标，如有以下任何一项症状或感受，在加强自我心理调适的同时，建议尽快寻求心理工作者的专业帮助，请其判断是否需要心理危机干预（见表3.1）。

表 3.1　心理危机甄别

抑郁	焦虑
感到苦闷	感到紧张或容易紧张不安
过分担忧	神经过敏
想结束自己的生命	心跳加快
情绪不稳定，以泪洗面	一阵阵恐惧或惊悚
感到自我没价值感	发抖、发颤
感到前途没有希望，生活无望	感到熟悉的东西变得陌生或不像真的
强迫	睡眠
必须反复检查才放心	难以入睡
脑子一片空白	睡得不稳、不深
不能集中注意力	胃口不好
难以做出决定	想到死亡

人，常常觉得自己是不幸的，而别人是快乐的；可是在"别人"的眼睛里，你是快乐的，他是不幸的。

——汪国真

谁经历的苦难多，谁懂得的东西也就多。

——荷　马

心理量表：这些生活事件对你有影响吗？[①]

下面是每个人都有可能遇到的一些日常生活事件，究竟是好事还是坏事，可根据个人情况自行判断。这些事件可能对个人有精神上的影响（体验为紧张、压力、兴奋或苦恼等），影响的轻重程度是各不相同的。影响持续的时间也不一样。请你根据自己的情况，实事求是地回答下列问题，请在最适合的答案上画"√"。

生活事件名称	事件发生时间			性质		精神影响程度				影响持续时间				备注
	未发生	一年前	一年内	长期性	好事	坏事	无影响	轻度	中度	重度	极重	三月内	半年内	一年内	一年以上
举例：房屋拆迁															
家庭中的问题															
1. 恋爱或订婚															

[①] 该量表是由杨德森和张亚林于1986年编制的。本量表仅作为自评初步识别，如发现有问题，建议找心理咨询师或是心理医生进一步筛查和咨询。

续表

生活事件名称	事件发生时间			性质		精神影响程度				影响持续时间			备注
	未发生	一年前	一年内	长期性	好事	坏事	无影响	轻度	中度	重度	极重	三月内	半年内	一年内	一年以上	
2. 恋爱失败、破裂																
3. 结婚																
4. 自己（爱人）怀孕																
5. 自己（爱人）流产																
6. 家庭增添新成员																
7. 与爱人的父母不和																
8. 夫妻感情不好																
9. 夫妻分居（不和）																
10. 性生活不满意或独身																
11. 夫妻两地分居（工作需要）																
12. 配偶一方有外遇																

续表

生活事件名称	事件发生时间			性质		精神影响程度				影响持续时间				备注
	未发生	一年前	一年内	长期性	好事	坏事	无影响	轻度	中度	重度	极重	三月内	半年内	一年内	一年以上
13. 夫妻重归于好															
14. 超指标生育															
15. 本人（爱人）做绝育手术															
16. 配偶死亡															
17. 离婚															
18. 子女升学（就业）失败															
19. 子女管教困难															
20. 子女长期离家															
21. 父母不和															
22. 家庭经济困难															
23. 欠债500元以上															

续表

生活事件名称	事件发生时间			性质		精神影响程度					影响持续时间				备注
	未发生	一年前	一年内	长期性	好事	坏事	无影响	轻度	中度	重度	极重	三月内	半年内	一年内	一年以上	
24. 经济情况显著改善																
25. 家庭成员重病或重伤																
26. 家庭成员死亡																
27. 本人重病或重伤																
28. 住房紧张																
工作和学习中的问题																
29. 待业、无业																
30. 开始就业																
31. 高考失败																
32. 扣发奖金或罚款																
33. 突出的个人成就																

续表

生活事件名称	事件发生时间				性质		精神影响程度					影响持续时间				备注
	未发生	一年前	一年内	长期性	好事	坏事	无影响	轻度	中度	重度	极重	三月内	半年内	一年内	一年以上	
34. 晋升、提级																
35. 对现职工作不满意																
36. 工作学习中压力大（如成绩不好）																
37. 与上级关系紧张																
38. 与同事、邻居不和																
39. 第一次远走他乡																
40. 生活规律重大变动（如饮食、睡眠规律改变）																
41. 本人退休、离休或未安排具体工作																
社交及其他问题																
42. 好友重病或重伤																

续表

生活事件名称	事件发生时间				性质		精神影响程度					影响持续时间				备注
	未发生	一年前	一年内	长期性	好事	坏事	无影响	轻度	中度	重度	极重	三月内	半年内	一年内	一年以上	
43. 好友死亡																
44. 被人误会、错怪、诬告、议论																
45. 介入民事法律纠纷																
46. 被拘留、受审																
47. 失窃、财产损失																
48. 意外惊吓、发生事故、自然灾害																

正性事件值：
负性事件值：
总值：

家庭中的问题：
工作和学习中的问题：
社交及其他问题：

填写方法和计分方法

该量表中 49 和 50 项,供你填写自己经历而表中并未列出的某些事件。请将某一时间范围内(通常为一年内)的事件记录下来。有的事件虽然发生在该时间范围之前,如果影响深远并延续至今,也可作为长期性事件记录。

对于表上已列出但未经历的事件应一一注明"未经历",不留空白,以防遗漏。然后,请根据自身的实际感受而不是按常理或伦理道德观念去判断那些经历过的事件对本人来说是好事或是坏事?影响程度如何?影响的持续时间有多久?

一次性的事件如流产、失窃要记录发生次数,长期性事件,如住房拥挤、夫妻分居等不到半年记为 1 次,超过半年记为 2 次。影响程度分为 5 级,从毫无影响到影响极重分别记 0、1、2、3、4 分;影响持续时间分为三月内、半年内、一年内、一年以上共 4 个等级,分别记 1、2、3、4 分。

生活事件刺激量的计算方法:

1. 某事件刺激量 = 该事件影响程度分 × 该事件持续时间分 × 该事件发生次数
2. 正性事件刺激量 = 全部好事刺激量之和
3. 负性事件刺激量 = 全部坏事刺激量之和
4. 生活事件总刺激量 = 正性事件刺激量 + 负性事件刺激量

测评分析

总分越高反映个体承受的精神压力越大,建议向心理医生或是心理咨询师咨询。

你知道心理危机干预吗？

俗话说："天有不测风云，人有旦夕祸福。"公路交通致死事故等意外事件会对当事人及其家属造成严重的心理阴影和心理创伤。该类高危人员是心理危机干预的重点干预对象，以公交车司机为例，如未及时发现和干预，将对涉事公交车司机产生严重的、长期的心理影响。

一、什么是心理危机干预？

心理危机干预是指有针对性地及时给予正处于心理危机状态的个人适当的心理援助疏导，使之尽快脱离困难，摆脱痛苦的过程。

心理危机干预的目标：

（1）防止过激行为的产生，避免出现报复或攻击行为，避免自伤、自杀。

（2）情绪恢复到平衡状态。

（3）重获心理资源，促进问题解决。

（4）恢复正常的生活，重回社会。

二、心理危机干预的基本流程

在心理咨询工作中,心理危机干预流程是专业心理工作者所采纳的步骤。公交车司机可以有所了解。

(一)确定问题

从咨询师角度,了解事故后来访者的心理反应和事故对来访者的影响程度,帮助来访者明白事故给自己带来的应激反应都是正常的,确定来访者的问题;从来访者角度,自我对所需解决的问题充分认知。

(二)保护来访者(心理求助者)安全

保证来访者安全是危机干预中最为重要的任务和目标,咨询师需要仔细评估来访者自伤、自杀的可能性。

(三)给予正面支持

咨询师与来访者建立相互信任的良好沟通关系,鼓励来访者表达情绪,言语上,支持来访者,如"我很关心你!"鼓励其亲友与其建立联系、给予其支持,并提供有实际价值的具体帮助,协助来访者接受现实。

(四)提出应对方法

提供事故后常见心理问题的识别,并帮助来访者思考、选择积极的应对方法。针对公交车司机在重大交通事故后出现的睡眠问题、人际交往问题等提供多角度、可选择、施之有效的、具有建设性的应对方法，增强其应对事件的能力。如确实有必要，将干预对象转诊，以接受更专业的治疗。

（五）制订计划

在采用的应对方法的基础上，具体规划解决当前问题的路径，并使来访者有信心、有能力实施制定的方案。

（六）获得承诺

获得书面的和口头的承诺是危机干预的最后一步。请来访者复述行动计划，并保证自己愿意按照计划实施，可避免危机升级。

三、心理危机干预的基本自救方法

心理危机干预不仅是心理咨询师的工作，我们也可以采取一些自我救助的方法给予自己心理支持。

（一）转移注意法

转移注意力，不要过多回忆现场，暂时远离诱发环境是一种有效的、简单易行的心理自救方法。

（二）森田疗法

森田疗法是日本森田正马教授创立的一种心理疗法。简

单地说,森田理论就是让我们把反复想消除的痛苦、不安、烦恼等情绪当作人的一种正常的、自然的感情,顺其自然地接纳它,内心不抵触、不排斥;同时,自我重新调整心态,学会与其共处,在生活中改变,避免内心冲突。

(三)宣泄疗法

宣泄疗法是一种精神放松疗法。及时宣泄是为压抑在潜意识中的郁结提供宣泄渠道,鼓励自己把内心的情感表达出来。如找友人倾诉，或是把痛苦、委屈、担心、焦虑等写在纸上，毫无掩饰地痛快地书写出来，写完再一撕了之，通过这些方法来宣泄不良情绪，可减少不良刺激，排除消极的不良影响。

（四）认知疗法

正确认识所发生的事件，接受当前不利的处境，客观、现实地分析和判断危机事件的性质和后果，调整不合理思维，建立积极认知。

（五）积极寻求专业心理救助

若请专业的心理医生或心理咨询师帮助，需与其建立和保持良好的沟通关系，相互信任，自身保持心理稳定。咨询后，听从医嘱随诊并进行定期的心理评估。如有必要，可咨询临床心理医生是否可以服用一些抗焦虑、抗抑郁的药物，也可以考虑短期住院治疗。

四、心理危机干预自助

相比专业的心理咨询与治疗，心理自助的最大优势是心理自助者可以通过简单、易操作的心理学方法，全面提升解决心理问题的能力。心理稳定化技术是危机干预初始阶段常用的心理自助技术，就是当我们处于应激状态时，通过引导想象练习帮助当事人在其内心世界构建一个安全的地方，适

当远离痛苦的情境，并在内心寻找可以激发内在生命力的积极资源，从而让当事人获得重新面对和解决当前困难的能力，激发其对未来生活的希望。

下面介绍常用的保险箱技术和安全岛技术。

（一）保险箱技术

操作指南

1. 适用人群

危机干预初始阶段。遭受创伤性记忆和感觉困扰，心神不宁，注意力和记忆力减退，日常生活和工作中效率下降的人。

2. 练习方法

（1）选择一个安静的环境，保证不会被打扰。选择一个最放松、最舒服的姿势，可以坐下来或是躺着。

（2）慢慢闭上眼睛，如果闭上眼睛让你感到不安，你也可以尝试微微地睁开眼睛。

（3）请想象你面前有一个保险箱或者某个类似的东西。现在请你仔细地看着这个保险箱：它有多大（多高、多宽、多厚）？它是什么材料制作的？它是什么颜色的（里外的颜色）？它的壁有多厚？这个保险箱分了格,还是没有分格呢？仔细观察保险箱：箱门好不好打开？关箱门的时候有没有声音？你会怎么关上它的门？钥匙是什么样子的？当你看着这个保险箱，并试着关上它，你觉得它是否结实？如果你觉得它不够结实,请试着把它改装到你觉得百分之百地牢固、可靠。然后你可以再检查一遍,看看你所选的材料是否合适,壁是否结实,锁是否足够牢固……

(4)现在,请你打开保险箱,把所有你带来的压力、烦恼、可怕的记忆等全部放进去(给自己一点时间),锁好保险箱的门,想想看,你想把钥匙藏在哪里(一个你能找到的地方)?

(5)请将保险箱放在你认为合适的地方。这个地方不应该离你太近,在你力所能及的范围里稍远一点即可,而且在你以后想去看这些东西的时候就可以实现。原则上,所有的地方都是可以的。

(6)完成后,请你集中注意力,回到这间房。

3. 技术要点

（1）在保险箱技术中，当事人将创伤性材料锁进一个保险箱，而钥匙由自己保管，并且可以自己决定是否愿意以及何时想打开保险箱的门，来探讨相关内容。

（2）想象中的体验是最重要的，充分调动你的视觉、嗅觉、听觉、触觉等感官，比如想象保险箱、保险箱的锁及钥匙，越详细越好，包括大小、形状、材料及颜色。

（3）不被打扰的环境、不被打扰的时间，用一点点耐心去想象。

（4）如果你在使用这项技术的时候效果不太理想，那么就需要寻求相关音频，在音频的指导下进行练习。

（二）安全岛技术

操作指南

1. 适用人群

轻中度焦虑，体验到持续性的不安全感、恐惧感的人。

2. 练习方法

（1）选择一个安静的环境，保证不会被打扰。放松地坐下来或躺下来，总之选择一个你觉得最舒服的姿势。

（2）慢慢闭上眼睛，如果闭上眼睛让你感到不安，你也可以尝试微微睁开眼睛。

（3）在内心深处，寻找一个令你感到绝对舒服和惬意的小岛，它可以是真实存在于现实世界中的，也可以是你想象出来的岛屿。直到这样的地方在自己的内心清晰、明确起来。

（4）环顾左右，看看是否真的感到非常舒服、非常安全，这是不是确实是一个可以让自己完全放松的岛屿……（"安全岛"是一个自己感觉最安全、最舒适的地方，它不是指一个实际的地方，而是在我们自己想象世界中建立一个地方，这个地方可以是你曾经到过的地方，也可以是任何一个你能想象的地方。这个小岛受到了良好的保护，有一个安全的边界。未经你的允许，其他人是不能进入这个地方的，这里只有你一个人可以去。如果感觉很孤独，也可以带一些有用的物件或者可爱的小动物。这里只有好的、保护性的、充满爱意的东西。你看见了什么？你听到了什么？你闻到了什么？你的皮肤感觉到了什么？你的肌肉有什么感觉？呼吸怎么样？腹部感觉怎么样？请你尽量仔细地体会现在的感受，这样你就知道，到这个地方的感受是什么样的。你应该感到完全放松、绝对安全和非常惬意。请把你的安全岛规划成那个样子。

（5）如果你在安全岛感觉到绝对的安全，就请你用自己的躯体设计一个特殊的姿势或动作，用这个姿势或动作，你可以随时回到这个安全岛来。以后，只要你一摆出这个姿势或者一做这个动作，它就能帮你在你的想象中迅速地回到这个地方，并且感到舒适。比如你可以握拳，或者把手摊开，以后当你一做这个姿势或动作时，你就能快速去到你的内在安全岛。

（6）请你带着这个姿势或动作，全身心体会一下，在这个安全岛的感受有多么美好。

（7）改变你的这个姿势或动作，平静一下，慢慢地睁开眼睛，回到自己所在的房间，回到现实世界中。

安全岛技术

3. 技术要点

（1）想象中的体验是最重要的：充分调动你的视觉、嗅觉、听觉、触觉等感官，去创造这个地方。

（2）不被打扰的环境、不被打扰的时间，用一点点耐心去想象。

（3）如果你在使用这项技术的时候效果不太理想，那么就需要寻求相关音频，在音频的指导下进行练习。

人活着总是有趣的,即便是烦恼也是有趣的。

——亨利·门肯

说出自己的不幸,痛苦便会减轻。

——高乃依

抑郁自评量表[①]

下面有 20 道测试题目,请仔细阅读每一题,把意思弄明白,然后根据你最近一个星期的实际情况进行选择,其中 A 表示没有或很少时间、B 表示小部分时间、C 表示相当多时间、D 表示绝大部分或全部时间。

测试题目

1. 我觉得闷闷不乐,情绪低沉   A   B   C   D
2. 我觉得一天之中早晨最好   A   B   C   D

[①]《抑郁自评量表》是由 W. K. Zung 于 1965 年编制的,被广泛应用于心理门诊。本量表仅作为自评初步识别,如发现有问题,建议找心理咨询师或是心理医生进一步筛查和咨询。

3. 我一阵阵哭出来或想哭出来	A	B	C	D
4. 我晚上睡眠不好	A	B	C	D
5. 我吃得和平常一样多	A	B	C	D
6. 我与异性密切接触时和以往一样感到愉快	A	B	C	D
7. 我发觉我的体重在下降	A	B	C	D
8. 我有便秘的苦恼	A	B	C	D
9. 我心跳比平时快	A	B	C	D
10. 我无缘无故地感到疲乏	A	B	C	D
11. 我的头脑跟平常一样清楚	A	B	C	D
12. 我觉得经常做的事情并没有困难	A	B	C	D
13. 我觉得不安且无法平静	A	B	C	D
14. 我对将来抱有希望	A	B	C	D
15. 我比平时容易生气激动	A	B	C	D
16. 我觉得做出决定是容易的	A	B	C	D
17. 我觉得自己是个有用的人，有人需要我	A	B	C	D
18. 我的生活过得很有意思	A	B	C	D
19. 我认为如果我死了，别人会生活得好些	A	B	C	D
20. 我平常感兴趣的事仍然感兴趣	A	B	C	D

测评方法

记分办法：A、B、C、D 分别记 1、2、3、4 分，将所有得分相加，再将总分乘以 1.25，取整数即可得到标准分。2、5、6、11、12、14、16、17、18、20 为反向计分。

测评分析

以 50～55 分为界，超过 55 分为异常，说明你的情绪处于异常状态。建议立即寻求专业的心理咨询师或是心理医生的帮助。

第四部分

公交车司机的问与答

引言

通过心理咨询案例中的"问与答"为公交车司机提供科学、合理的心理调适知识,促进其心理健康。

1. 最近这段时间,我总是在床上翻来覆去睡不着,应该怎么办?

答:入睡困难是焦虑状态的常见表现。在高压力状态下,容易出现短暂性睡眠困难。你可以尝试找到焦虑源(分析失眠的原因),接受现实,重新认知。建议睡前两小时拒绝所有电子产品;睡前看枯燥乏味的书籍(唤起睡意);一定要有睡意才上床,否则继续看书。如果中途醒来,则平静地躺在床上,不要刻意去想事情,更不要强迫自己再次入睡。

睡前可以做一些放松训练:坐着或躺着,将注意力放在全身并放松,按照足部、小腿、大腿、臀部、手部、前臂、上臂、肩部、腹部、背部、胸部、颈部、下腭、面部、眼部的顺序,呼吸放慢,心中默念"呼气"和"吸气",并慢慢地尝试感受气息的出和入,待身体完全放松后就能很快入睡了。

2. 最近工作缺乏热情，我该怎么办？

答：这是职业倦怠的表现，建议调整工作节奏，规律作息，寻求领导、朋友以及家人的支持，或寻求心理咨询师帮助。

3. 运动可以帮助我们稳定情绪吗？

答：运动可以帮助我们稳定情绪。运动可以缓解紧张、沮丧、害怕、失落等情绪。工作空隙或者休息时，练一练太极拳，或者做一做瑜伽、广播体操等都可以使人放松，心情变得愉悦。

4. 我的儿子 12 岁了,最近我发现自己总是容易对他发脾气,对爱人也变得没有耐心了,家庭氛围很紧张,我该怎么办?

答:这是因为焦虑情绪没有得到及时释放。建议你及时寻求心理咨询师或是心理医生的帮助,缓解负面情绪;或是通过运动、听音乐等方式调节。

---

5. 我最近总感觉胸闷,是口罩的问题,还是呼吸道的问题?

答:胸闷,既可能是生理原因,也可能是心理原因引起的。除器质性病变外,刺激事件也可能引发紧张、焦虑等情绪。当人处于焦虑时,就会出现胸闷等症状,建议你可以做一做深呼吸。

6. 过年无法和家人、朋友团聚，怎么调整心情？

答：面对面地交流确实可以使我们得到精神慰藉，但现在科技发达，我们通过视频电话、短信等方式聊天、拜年，一样可以达到情感交流的目的。如果不喜欢隔着屏幕与人交流，建议暂时忍耐，去做让自己放松、愉悦的事情。

7. 最近在生活、工作中容易烦躁，忍不住想发火，应该如何调节情绪？

答：找一把舒适的椅子，坐着或是躺着，闭上眼睛，静静听一听舒缓的音乐。可以听钢琴曲、小提琴曲等纯音乐，也可以听大自然的声音，如下雨声、鸟叫声、海浪声等，记得把音量调到耳朵舒适的程度。

8. 如何处理负面情绪？

答：1. 减少接触易产生负面情绪的信息，不盲目从众，不道听途说。2. 自我对话，自我鼓励。心情烦闷时，可以进行心理暗示："生气和焦虑也无济于事，我们要好好生活！""我有能力应对它！""这会让我更加坚强、更加勇敢！"3. 适当进行运动，如打太极拳、练习瑜伽等，让身体微微出汗。4. 正向思维。（1）觉得辛苦、无奈时，不妨关注一下身边忙碌的人，你会发现许多人依然在积极地生活。（2）回忆过去是如何成功地应对危机的，肯定自己的能力。（3）保持对未来的期望和憧憬，即使遇到危机，也要用一双善于发现美的眼睛去关注身边一切美好的事物。除此之外，还可以通过专注地做一件你感兴趣的事情来转移注意力。

9. 疫情发生后,我每隔一两个小时就要洗手和消毒一次,而且频率越来越高。我知道没有必要,但总是控制不住自己,怎么办?

答:这是一种带有强迫症状的行为模式,也是焦虑的一种表现。你可以尝试注意力转移或是认知改善的方法。(1)注意力转移,就是当出现"强迫行为"时,尝试转移自己的注意力,去做其他事情,如写字、运动、听音乐等任何让自己感到心情愉悦的事情。(2)认知改善法,顾名思义就是在认知层面改变,可以采用自我辩论的方法。例如,分别列举自己被感染以及不会被感染的证据和可能性,进行分析、辩论以及自我对话,试着思考"可怕的事情真的会发生吗?我是不是杞人忧天了?"从而减少强迫行为。

10. 最近开车谨小慎微,经常担心一不小心酿成大祸,应该怎么办?

答:这是对客运过程中不确定因素的防御性身心反应,如常常在驾驶过程中焦虑不安、忧心忡忡等。有时候我们做事情,越反复担心越容易出问题,不如放下担心和紧张,心系乘客安全,调整心理状态,你就会感觉好很多。

11. 不断承担领导安排的职责以外的工作,感到糟心和委屈,应该如何面对?

答:这确实是各岗位工作人员常见的心理体验之一,我们应该正确面对、接受自己的负面情绪,合理宣泄。很多工作既有分工又常交叉,建议加强沟通。

12. 最近身体容易疲乏，偶尔头晕，记忆力似乎也不好，有没有什么办法？

答：这是连续较大工作压力下的身体反应，建议规律作息，保持良好睡眠，合理饮食，适当运动。可以在工作间隙做一做体操、上下拍打手脚（促进肌肉放松）、听音乐、闭目养神（放空自己）等。给自己积极的心理暗示："我很棒，我的状态越来越好，我每天都要微笑地面对工作和生活！"

13. 无论多危险，我都会义不容辞地投入工作，但内心还是害怕和恐慌，应该怎么做？

答：恐惧是人的一种本能，保护我们远离危险。有一种恐惧来源于不了解，人们对未知的事物总是充满恐惧，但如果我们了解了，就不会那么害怕了。

14. 个别乘客不理解、不配合工作,我既委屈,又愤怒,应该怎么调整?

答:你已经做得很好了,绝大部分乘客都明白你很辛苦,感恩你的付出。你没有办法照顾到所有人,让所有乘客满意。个别乘客不理解、不配合工作,表面上是对你的不满,实际上是自己情绪的发泄,也暴露了其自身修养。

15. 应激反应会影响我开车时的注意力或是判断力吗?

答:有可能。人的注意力会因为应激反应而发生改变,有的人会觉得注意力很难集中或很难转移。如果我们无法专注于驾驶工作,就容易发生意外;我们的判断力也会在出现应激反应时改变。

16. 我爱人现在越来越唠叨，我每天出门心情都不好，我快崩溃了，怎么办？

答：你可以将这种情绪倾吐出来，寻求朋友、同事或是专业的心理咨询师的支持。情绪的崩溃是因受到家人话语和行为的影响，你可以在保证自己情绪稳定的情况下，结合对其个性的了解，主动沟通，询问她的想法，参与她的日常活动。

17. 最近听到车厢里闹哄哄的，我就心慌、气短，为什么？

答：如果不是器质性疾病引起的，那就要考虑应激状态下的身体反应。不用太担心，也不用过于焦虑。可以通过与家人参与一些轻松的活动，比如一起看电视、一起玩游戏等进行调节，另外，要注意休息，保证充足的睡眠。

18. 最近老婆天天找我吵架,我都烦死了,我该怎么办?

答:有时候家庭成员的情绪会影响到家庭中的其他成员,并对家庭氛围等产生影响。建议在合适的时间,单独和爱人聊一聊这样的状态会影响到自己的行车安全,针对矛盾点表达自己的感受和想法,同时,有意识地安排一些家庭成员互动,比如一起做饭、逛街、看电视、郊游等。

19. 自从上次出了车祸,我每天开车都小心翼翼,精神紧张,我该怎么办?

答:你可以尝试一些放松的技巧,如紧张时,深深吸一口气,憋住,再慢慢吐出。几次之后,你将舒服许多。

20. 我们每天早出晚归，用心为每一位乘客服务，还得不到理解，我受够了乘客的白眼。

答：我们不用刻意压抑自己的情绪，可以允许自己有委屈或愤怒的负面情绪，但要找到合适的途径表达、调节。

21. 当与乘客发生语言冲突时，我该如何稳定自己的情绪？

答：当与乘客发生语言冲突时，不要立刻辩解，因为这时候任何辩解都会进一步刺激乘客，要避免矛盾激化。这时候，我们可以倒数"10、9、8……1"给自己情绪一个缓冲期。事后不必压抑，找一个适当的发泄口，还可以找家人、朋友、同事倾诉，寻求安慰。